12.12.12 ☺

Liebe Elke,

wenn dir mal nicht nach Lehrstoff von Sport oder Englisch ist ...

Viel Spaß beim erforschen,

Bine + Thorsten

Wie viele Bäume sind ein Wald? Sterben Spinnen im Staubsauger? Wer oder was ist Trick 17? Diese und andere drängende Alltagsfragen begegnen uns im Gespräch mit Kollegen, am Kneipentisch oder in einsamen Stunden der Selbstbesinnung. Sie führen meist zu Ratlosigkeit oder provozieren heftige Diskussionen selbsternannter Experten. Dieses Buch gibt unterhaltsam Antworten mit Hilfe witziger, oft schräger Theorien ganz gewöhnlicher Bildungsbürger, überzeugend vorgetragenem Halbwissen unverbesserlicher Besserwisser und seriösen Erklärungen echter Experten.

Daniel Berger, Jahrgang 1977, ist Mitgründer und Geschäftsführer der Berliner Kommunikationsagentur »fabrik neue medien«, die hinter der Website FragenOhneAntwort.de steht. Er ist zudem als Rechtsanwalt mit dem Interessenschwerpunkt Medienrecht tätig.

Weitere Informationen, auch zu E-Book-Ausgaben, finden Sie bei www.fischerverlage.de

Daniel Berger

Warum gibt es kein *Katzenfutter* mit Mäusegeschmack?

Fragen ohne Antwort –
Laien spekulieren,
Experten klären auf

Fischer Taschenbuch Verlag

MIX
Papier aus verantwortungsvollen Quellen
FSC® C014496
www.fsc.org

Originalausgabe
Veröffentlicht im Fischer Taschenbuch Verlag,
einem Unternehmen der S. Fischer Verlag GmbH,
Frankfurt am Main, September 2012

Satz: Dörlemann Satz, Lemförde
Druck und Bindung: GGP Media GmbH, Pößneck
Printed in Germany
ISBN 978-3-596-19452-0

Für Jimmy,
den größten kleinen Weltentdecker
und seine wundervolle Mama

Millions saw the apple fall,
but Newton was the one who asked why.
Bernard Mannes Baruch

Vorwort

Die Internet-Community und das Redaktionsteam von **FragenOhneAntwort.de** suchen seit mehr als einem Jahrzehnt Antworten auf Fragen, an denen sich schon Generationen von Stammtischrunden und selbsternannten Wissenspäpsten buchstäblich die Zähne ausgebissen und ihre Gehirne zum Qualmen gebracht haben.

Wir nähern uns der Beantwortung dabei immer aus zwei Richtungen: Zunächst über die witzig-kreativen, teils absurden Theorien unserer **Community-Laien**, die die Probleme von wirklich allen Seiten und aus jedem Blickwinkel betrachten und Lösungen vorschlagen. Stets getreu dem Motto »Der Kopf ist rund, damit das Denken die Richtung wechseln kann«.

Auf der anderen Seite helfen uns **professionelle Experten,** die sich zu ihrem Fachgebiet bei uns melden oder die wir um ihre fundierte Antwort bitten.
Unsere Webseite und **das vorliegende Buch, das ein »Best-Of« der populärsten »Fragen ohne Antwort«** beinhaltet, wären ohne die zahlreichen Beiträge dieser engagierten Menschen nicht denkbar. Deshalb möchte ich an dieser Stelle ausdrücklich **Danke sagen an alle Laien,** die für so manche Lachattacke, aber oft auch ein erstauntes »Achso?!« im Redaktionsteam gesorgt haben.

Danke auch an alle Experten, die uns ihr Fachwissen und ihre Zeit zur Verfügung gestellt haben. Einige von ihnen möchten nicht unbedingt ins Scheinwerferlicht der Öffentlichkeit gerückt werden und erscheinen deshalb unter Pseudonymen. Die Antworten unserer Experten haben wir gründlich überprüft, können aber keine Haftung für deren Richtigkeit übernehmen. Wir raten deshalb dringend vom ungeprüften Abschreiben für Doktorarbeiten ab! Wenn Sie der Meinung sind, die fachlich bessere Antwort parat zu haben, freuen wir uns auf eine Mail an
redaktion@FragenOhneAntwort.de
Die Laienantworten geben wir hier der besseren Verständlichkeit wegen zum Teil gekürzt bzw. bearbeitet wieder.

Daniel Berger, Redaktionsleiter FragenOhneAntwort.de

Inhalt

Wieso gibt es kein *Katzenfutter* mit Mäusegeschmack?

Der Laie spekuliert:

Weil Mäuse nicht wirtschaftlich verwertbar sind, sprich: viel teurer wären als Rind und Schwein. Es ist also keine Frage des Geschmacks, sondern des Preises.
Beagel

Also bitte, bis man genug Mäuse gefangen hat, ist die Katze verhungert. Man braucht die Mäuse nicht mehr und lässt sie wieder frei. Aber dann braucht man wieder eine neue Katze, um die Mäuse einzufangen … Ein Teufelskreis, sag ich euch! Da sind Rinder praktischer!
RichManRulez

Weil keiner weiß, wie eine Maus schmeckt, außer einer Katze selbst und die stellt keine Lebensmittel her. Wie Huhn bzw. Fisch zu schmecken haben, das ist den Herstellern von Katzenfutter bekannt. Außerdem wird dem Dosenöffner mit diesen bei ihm selbst beliebten Geschmacksrichtungen suggeriert, dass er was Gutes für seine Katze tut, wenn er sich für ein solches Produkt entscheidet. Die Geschmacksrichtung »Maus« würde nur abschrecken. Einer Katze wäre das wahrscheinlich vollkommen wurst, die würde alles fressen.
Andi

Die Expertin klärt auf:
Katia Sittler, Category Managerin bei der zooplus AG, München

Die Geschmacksrichtung »Maus« ist im Prinzip eine vernünftige Idee, da Katzen, die sich von Mäusen ernähren, optimal mit allem versorgt sind, was ihr Körper braucht. Aber abgesehen davon, dass Mäuse Parasitenträger sind und Katzen dann sehr regelmäßig entwurmt werden müssten, ist das größte Problem die Beschaffung der Mäuse. Mäuse werden hierzulande nicht als Nutztiere betrachtet, wie z. B. Rind, Schwein oder Huhn. »Maus« würde also sehr schnell die Tierschützer auf den Plan rufen, da Mäuse entweder Wildtiere und somit geschützt sind oder Haustiere, die ebenfalls nicht zu Futter verarbeitet werden dürfen. Ergo heißt es für die Katzen auch weiterhin: Selberfangen oder mit Rind, Huhn und Fisch glücklich und satt werden.

Warum geht bei manchen Menschen der ***Bauchnabel*** nach innen und bei anderen nach außen?

Der Laie spekuliert:

Wenn bei der Geburt mehr dran gezogen wird, dann geht er vielleicht nach außen, sonst bleibt er drin.
Jörg Weges

Das mit dem »bei der Geburt dran ziehen« ist ne typische Männerantwort. Keine Ahnung halt. Die Babys werden doch nicht an der Nabelschnur aus dem Mutterleib gezogen.
ALMA

Vielleicht hat es ja was mit Anstrengung zu tun. Wenn sich das Neugeborene während bzw. nach der Geburt heftig anstrengt – plopp ist der Nabel draußen.
**kurt*

Kennt man ja z. B. aus dem Kraftsport, da tragen die Sportler beim Gewichte stemmen immer nen Gürtel, damit das nicht passiert.
Katja

Hatten Adam und Eva eigentlich einen Nabel?
Filosof

Der Experte klärt auf:
Prof. Dr. med. Klaus Vetter von der Klinik für Geburtsmedizin im Vivantes Klinikum Berlin-Neukölln

Nach normalem Abnabeln liegt der Markierungspunkt des Rests der Nabelschnur unterhalb des Hautniveaus des Bauches, also »nach innen«. Beim Vorliegen eines Nabelbruchs wird der Nabel nach außen gedrängt und liegt dann im oder oberhalb des Hautniveaus. Das kann in jedem Lebensalter geschehen. In der Schwangerschaft in Terminnähe »verstreicht« der Nabel, d. h. er findet sich in der Hautebene des Bauches. Später liegt er wieder im alten Niveau.

Hält *Viagra* Schnittblumen länger frisch?

Der Laie spekuliert:

Die Viagra-Frage kann ich nicht beantworten, weiß allerdings aus oft erprobter Erfahrung, dass hängende Pflanzen mit Gabe einer Anti-Babypille vor dem Gießen wieder zu unerwartet strahlendem Leben erwachen ...
Sandra K.

Na, dann haben Kakteen mit ihren vielen abstehenden Stacheln wohl ne Überdosis abbekommen?
Kathrin

Du mit den Pflanzen: Wie viele Kinder hast du?
Maya

Haben die denn überhaupt einen Blutdruck?
David

Kakteen brauchen kein Viagra, die stehen doch schon!
bernd

Kupfermünze in das Blumenwasser legen, hilft auch und führt nicht zu peinlichen Nachfragen in der Apotheke.
chris_50

Kupfermünzen ins Badewasser, geht das auch?
holle

Der Experte klärt auf:
Studie von Yaacov Leshem, Bar-Ilan-Universität in Ramat Gan bei Tel Aviv, und Ron Wills, Universität Newcastle, Australien

Schon kleinste Mengen des Viagra-Inhaltsstoffes Sildenafil genügen, um Schnittblumen eine Woche länger fit zu halten. Aber nicht nur Blumen, auch Gemüse und Obst wie Broccoli und Erdbeeren bleiben durch das Potenzmittel länger prall. Sildenafil greift bei der Pflanze, ähnlich wie beim Menschen, in eine chemische Signalkette ein. Steht eine Pflanze unter Stress, dann schließen sich durch den Botenstoff cGMP die Poren der Blätter und die Pflanze trocknet nicht so schnell aus. Offenbar wird durch Sildenafil der Abbau von cGMP und damit auch die Austrocknung verlangsamt.

Was war zuerst da? *Huhn* oder Ei?

Der Laie spekuliert:

Das Huhn. Die ersten Lebewesen im Ur-Meer waren keine Eier, sondern lebende Zellen. Somit entstand das Leben zuerst und daraus entwickelten sich lebende Tiere, die dann später Eier legten.
Dragonlord U.

Nur ein HUHN kann ein HÜHNEREI legen. Wäre das Ei zuerst dagewesen, wäre es kein Hühnerei, sondern ein Ei der Spezies, die es gelegt hat.
gregor

Es war auf jeden Fall zuerst das Ei da, oder glaubt im Ernst jemand, dass aus heiterem Himmel einfach so ein Huhn angeflattert kam?
Sophie

Ich wär so gern ein Huhn und hätt nicht viel zu tun … also … die Hühner wissen wahrscheinlich selber nicht so genau, was denn jetzt zuerst war …
skihaserl

Das Ei! Evolutionstechnisch gesehen muss es vor dem ersten Huhn ein huhn-ähnliches Wesen gegeben haben, bzw. zwei

davon. Diese haben sich vermehrt und ein Ei wurde gelegt, aus dem dann unser modernes Huhn geschlüpft ist.
Daniel M.

Das Ei gibt es definitiv schon länger als jeden Vogel. Die Dinosaurier legten Eier. Und alle Echsen und Vögel sind lebende Nachfahren der Dinosaurier. Man könnte auch in der Zeit noch weiter zurückgehen: Die ersten höheren Lebewesen entwickelten sich im Meer. Und die meisten von ihnen legten ... na was wohl?
Tom

Wienerhendl ...
Rosa

Bei allen bisherigen Antworten ist der wichtige Tatbestand übersehen worden, dass ein Ei erst ausgebrütet werden muss, ehe ein Huhn daraus werden kann. Wäre also das Ei zuerst dagewesen, dann hätte das Huhn gefehlt, um das Ei auszubrüten. Also muss zwangsläufig das Huhn zuerst dagewesen sein! Auf die spitzfindige Frage, wo das erste Huhn denn hergekommen ist, kann ich nur antworten: Das kann man in der Bibel nachlesen!
Elimar

Alte Techniker-Antwort: Das Huhn ist nur die Methode des Eis, neue Eier zu produzieren.
amdouc

Der Experte klärt auf:
Holger Dittmann, Wissenschaftsjournalist, München

Lässt man die weltanschaulich-philosophischen Grabenkämpfe rund um das Henne-Ei-Problem einmal beiseite und hält sich an die wissenschaftlichen Fakten, muss die Frage wohl aus Sicht der Evolution eindeutig zugunsten des Eies beantwort werden.
Neue Arten von Lebewesen entstehen durch Mutation und Mischung von Genen im Moment der Fortpflanzung. Schon die erste Zelle des neuen Lebewesens, die aus der Verschmelzung der männlichen Samenzelle mit der weiblichen Eizelle entsteht, enthält in ihrer DNA die vollständigen neuen Erbinformationen des heranwachsenden Individuums. Vereinfacht gesagt, teilt sich diese Zelle dann so oft, bis das fertige Geschöpf daraus entstanden ist. Hühner wiederum entwickeln sich typischerweise innerhalb eines Eies.
Die logische Konsequenz dieser Überlegungen ist, dass das erste Huhn, das diese Bezeichnung verdient hat (weil es genügend Gemeinsamkeiten mit Hühnern, wie wir sie kennen aufweist) als Embryo in einem Ei existiert haben muss, aus dem es dann geschlüpft ist.
Natürlich gab es nicht das eine erste Ei, aus dem dann das eine erste Huhn geschlüpft ist, aber es gab genügend erste Eier, aus denen erste Hühner geschlüpft sind, die dann wiederum neue Hühnereier produziert und eine Population begründet haben.

Hat man früher mit Hilfe von Fröschen *Schwangerschaftstests* durchgeführt?

Der Laie spekuliert:

Noch nie gehört, dass es so was gibt.
renchen

Vielleicht wurde der Frau ein Frosch auf den Bauch gelegt. Wenn er runtergekugelt ist, wusste man dann, sie ist entweder sehr dick oder schwanger.
Tanja H.

Na klar! Die Frau musste den Frosch küssen: verwandelte er sich in einen Schnuller war die Frau schwanger.
benny

Die Frau musste den Frosch nochmals küssen: verwandelte er sich in eine Barbie gab's ein Mädchen, verwandelte er sich in Ken, wurde es ein Junge! Und wenn er sich in einen Prinzen verwandelt hat, war sie dann eben kurz danach schwanger.
simone_62

Die Logik hat dich wohl nicht geküsst. Zum einen war der Frosch beim zweiten Mal ja kein Frosch mehr, sondern ein Schnuller, und die Befruchtung (Prinz) kommt ja vor der Geschlechterdifferenzierung (Barbie, Ken).
Heiner

Kann man eigentlich nirgends mal einen Witz machen, ohne dass so ein Klugscheißer daherkommt und seinen Senf ablässt????
simone_62

... dazugibt, sorry, aber ablassen kannst du nur deine Wut.
Heiner

Der Experte klärt auf:
Univ.-Prof. Dr. med. G. Köhler, Leiter der Geburtshilflich-Gynäkologischen Sammlung der Universität Greifswald

Der Frosch- oder Krötentest galt lange Zeit als einer der wichtigsten Tests für einen relativ frühen Nachweis einer Schwangerschaft. Dieser Schwangerschaftstest geht auf den südamerikanischen Arzt Carlos Galli Mainini zurück, der ihn 1947 einführte. An der Universitäts-Frauenklinik Greifswald wurden noch bis 1972 solche Teste durchgeführt. Für diese Zwecke hatte die Frauenklinik einen sogenannten Krötenkeller, der vom Hausmeister der Klinik versorgt wurde.
Für den Schwangerschaftstest wurden jeweils zwei männliche Kröten (Anuren) verwendet, denen entweder zwei ml Urin oder Blut-Serum von der vermutlich schwangeren Frau in den dorsalen Lymphsack gespritzt wurde. Der Harn und das Blut-Serum schwangerer Frauen enthält das relativ spezifische Schwangerschaftshormon hCG (humanes Choriongonadotropin), das den männlichen Frosch inner-

halb von zwei bis drei Stunden zur Spermienproduktion veranlasst. Nach zwei, vier bzw. sechs Stunden wurde mittels einer Pipette Urin aus der Kloake des Tieres entnommen und mikroskopisch auf Spermien untersucht. Da diese gut unter dem Mikroskop zu erkennen waren, galt der Test als positiv, wenn in der Urinprobe des Frosches Spermien nachzuweisen waren. Nach einer Ruheperiode von drei bis vier Wochen waren die Tiere erneut verwendungsfähig.
Die Empfindlichkeit der Kröten gegenüber hCG war allerdings nicht sehr groß und sie schwankte zudem jahreszeitlich. Das heißt, dass ein negativer Test eine Schwangerschaft nicht ausschloss. Daher war der Schwangerschaftsnachweis meist erst ab dem zweiten Schwangerschaftsmonat möglich, wenn höhere hCG-Werte vorlagen. Bei einem positiven Test war aufgrund der hohen Treffsicherheit eine Schwangerschaft jedoch zu 96 bis 100 Prozent sicher. Der Krötentest war somit wenig sensitiv dafür aber hochspezifisch.

Wie viele Bäume sind ein *Wald*?

Der Laie spekuliert:

Wald ist immer dort, wo man den Wald vor lauter Bäumen nicht sehen kann!
Leo aus Darmstadt

Dem schließe ich mich an. Immer wenn man nicht mehr sehen kann, was hinter den Bäumen ist, weil so viele von ihnen die Sicht versperren, dann ist es ein Wald.
BaumJohann

Toll! Nach der Logik ist meine Hecke ein Wald ;-)
Rumpelstiel

Oder mit Grönemeyer gefragt: Wann ist der Wald ein Wald? Gefühlt ist es ab 100 Bäumen ein Wald, bei der Hälfte ein Wäldchen und bei noch weniger einfach eine Grünfläche.
Kathrin M.

Abgesehen davon, dass ich Grönemeyer nicht leiden kann: die 100 Bäume sind doch eine vollkommen willkürliche Zahl! Gibt ja große, kleine, schmale und breite Bäume, auf den Gesamteindruck kommt's an!
Sophie

Der Experte klärt auf:
Rechtsanwalt Daniel Berger, Berlin

Im Bundeswaldgesetz heißt es: »Wald im Sinne dieses Gesetzes ist jede mit Forstpflanzen bestockte Grundfläche«. Als Wald gelten zusätzlich noch alle mit diesem Wald verbundenen Flächen. Ausdrücklich kein Wald aber stellen kleinere Flächen mit vereinzelt stehenden Bäumen oder Hecken dar. Nur: Wirklich schlauer ist man nach Lektüre dieses juristischen Textes nicht. Denn er trifft keine genaue Aussage darüber, ab welcher Grundfläche oder ab welcher Anzahl eine Ansammlung von Bäumen als Wald gilt.
Konkreter wird es da schon, wenn man die gängige biologische Definition heranzieht. Nach allgemeiner Anschauung ist eine Ansammlung von Bäumen nur dann ein Wald, wenn die bedeckte Fläche groß genug ist, um sich ein eigenes Klima und eine eigene Bodenbeschaffenheit zu schaffen. Wahrscheinlich ist diese Definition auch diejenige, welche die meisten Menschen intuitiv getroffen hätten.
Jeder, der schon einmal durch einen Wald spaziert ist, kann den Unterschied des Klimas, sprich der Temperatur und der Luftfeuchtigkeit, sowie der Bodenbeschaffenheit wahrnehmen und weiß dadurch, dass er in einem Wald ist.
Als Faustformel kann man also sagen: Wald ist immer dort, wo es sich wie Wald anfühlt.

Wie hoch kann ein ***Hochhaus*** höchstens sein?

Der Laie spekuliert:

Ich denke, die Windgeschwindigkeit ist dabei der entscheidende Faktor, denn mit zunehmender Höhe nimmt sie immer mehr zu. Wenn ein Hochhaus zu hoch gebaut wird, kann es bei starken Stürmen umknicken.
Franzxaver

Stell mir grad vor, wie man in zehn Kilometer Höhe die Fenster aufmacht und dann die Wahl hat: ersticken, erfrieren oder verstrahlen. Nicht schön das!
Bernardo

Du versuchst wohl auch immer wieder, die Fenster zu öffnen, wenn du mit deinen Kumpels nach Malle fliegst?
Ja10

Das kommt auf den Untergrund an. Wenn das Hochhaus zu schwer wird, kann es einsinken und umfallen. Wenn man aber auf festem Fels baut, kann man im Prinzip (fast) unbegrenzt hoch bauen, schließlich gibt es auch Berge, die über 8000 m hoch sind.
Bine65

Die Frage ist doch spätestens seit der Bibelgeschichte um den Turmbau von Babel beantwortet – bis zu den Wolken und nicht höher ;-)
der Allmächtige

Der Experte klärt auf:
Prof. Dr.-Ing. Ingomar Belz, HTWK Leipzig

Die Höhe eines Hochhauses kann beliebig sein, vorausgesetzt, man hat unbegrenzt Grundfläche zur Verfügung. Dann könnte man eine Pyramide bauen, deren Höhe allein davon abhängt, wie viel Material, Arbeitskraft und Zeit zur Verfügung stehen.
Da man für den Bau eines Hochhauses üblicherweise nicht unbegrenzt über Fläche, Material und Zeit verfügt, wird die Höhe eines Hochhauses zunächst durch die (Druck-)Festigkeit des verwendeten Materials begrenzt.
Wenn man das ganze Hochhaus mit dem gleichen Querschnitt und aus dem gleichen Material bauen würde, kann man eine Höhe angeben, bei der es unter dem darauf lastenden Eigengewicht versagt. Dieser theoretische Wert nennt sich »Quetschgrenze« und ist das Verhältnis von Druckversagen zu Eigengewicht. Mit den gängigsten Materialien käme man auf folgende maximale Höhen:

Mauerwerk:	ca. 3 km
Stahl und Beton:	ca. 6 km
Holz:	ca. 9 km

Ein Hochhaus muss allerdings nicht nur sich selbst, sondern auch Nutzlasten wie Einrichtungsgegenstände, Aufzüge und Menschen tragen, Wind und manchmal auch Schnee widerstehen, dadurch verringern sich die maximal denkbaren Werte.

Außerdem ist noch die »Schlankheit« des Gebäudes von Bedeutung. Sie ergibt sich im Wesentlichen aus dem Verhältnis von Höhe zu Dicke. Wenn sie zu groß ist, kann »Biegeknicken«, ein spezieller Versagensmechanismus, auftreten. Für denkbar halte ich Bauwerke, die doppelt so hoch sind wie der Burj Khalifa in Dubai, also 1,5 Kilometer, eventuell sogar zwei Kilometer. Wirtschaftliche und soziale Fragen sind hierbei ausgeklammert.

Warum habe ich immer einzelne *Socken* übrig, wenn ich gewaschen habe?

Der Laie spekuliert:

Es ist uns gelungen nachzuweisen, dass in Waschmaschinen Außerirdische leben, die sich von Socken ernähren! Die Außerirdischen stammen vom Planeten Stru'humph und fanden auf der Erde in Waschmaschinen eine neue Heimat. Als Nahrungsquelle nutzen sie die dort reichlich vorhandenen Socken, wobei sie aus religiös-spirituellen Gründen nie beide Socken eines Paares verzehren. Bevorzugt werden die Lieblingssocken des Waschmaschinenbesitzers, da diese häufig getragen werden. Außerdem verbinden die Stru'humphianer mit dem Verzehr einer Socke, die von jemand anderem sehr geschätzt wird, eine spirituelle Kräftigung.
42

Der amerikanische Geheimdienst CIA hat von jeder Waschmaschine aus Schläuche gelegt, die direkt in eine supergeheime Zentrale führen. Dort sammelt man die Socken und entnimmt ihnen DNA. So können sie von uns allen die DNA speichern und zudem noch die Wirtschaft ankurbeln, da wir ja ständig gezwungen sind, neue Socken zu kaufen.
Shandra

Und dir haben die vom Geheimdienst wohl schon ne Gehirnwäsche verpasst, oder?!
Freddy

Das ist doch ganz logisch, wenn ich 2 Socken in die Waschmaschine gebe und nur einen Socken herausbekomme, dann hat sich die fehlende Socke gemäß $E=mc^2$ in Energie umgewandelt. Sehr beängstigend ist dabei die entstehende Energiemenge. Gehen wir davon aus, dass ein Socken 50 g wiegt, dann gilt $E=0{,}05kg*(300\,000\,000m*s\text{-}1)^2=$ $4\,500\,000\,000\,000\,000\,kg*m^2*s^{-2}=7{,}209e+34$ eV. Aus dem Socken müsste eine solch extrem hohe elektromagnetische Strahlung emittiert werden, dass man sich der laufenden Waschmaschine nur mit einem Spezialanzug nähern dürfte.
Der Mathematiker

Der Experte klärt auf:
Electrolux Pressestelle, Nürnberg

Socken verschwinden tatsächlich in der Waschmaschine. Aber nicht nur die, betroffen sind auch andere kleine Wäschestücke – in erster Linie natürlich Unterwäsche. Durch die Schleuderbewegung entsteht vor dem Bullauge zwischen Trommel und Gehäuse der Waschmaschine ein Spalt, durch den gelegentlich Wäschestücke rutschen. Diese landen dann im Bottich unter der Trommel und können durch den Abwasserschlauch aus der Maschine gesaugt werden.

Was ist der Unterschied zwischen einer *Orange* und einer Apfelsine?

Der Laie spekuliert:

»Apfelsinenhaut« klingt irgendwie schöner als »Orangenhaut« – sind Apfelsinen vielleicht glatter?
Moni72

Bestell mal in der Kneipe »Wodka-A« statt »Wodka-O« – dann wirste schon sehen, wo der Unterschied liegt.
Trinkbert

Fakt ist aber auch: in Süddeutschland (konkret: Bayern) kennt man nur die Orange, die erst viel weiter nördlich als Apfelsine bekannt ist. Der Begriff »Apfelsine« wurde in Bayern erst bekannt durch die Spätapfelsinen-Werbung mit Onkel Dittmeyer.
Andi

Der gute Onkel D. hat zwar immer gesunden Spätapfelsinensaft getrunken, zum Schluss aber trotzdem wie alle anderen auch ins Gras gebissen.
Ein Fan

Ich denke, das eine ist eine Mutation des anderen. Fragt sich nur noch, wer da aus wem mutiert ist.
Melli

Yeah, Mutanten-Orangen!
herb

Der Experte klärt auf:
Firma Niehoffs Vaihinger, Lauterecken

Der Begriff Apfelsine stammt aus dem Niederländischen und bedeutet wörtlich »Apfel, der aus China kommt«. Aus der Botanik und dem Lebensmittelrecht bzw. der Nährwertkennzeichnungsverordnung geht kein Unterschied zwischen Orange und Apfelsine hervor. Dennoch hat es sich innerhalb der Fruchtsaftindustrie eingebürgert, Orangensaft mit Fruchtfleisch darin als Apfelsinensaft zu deklarieren, um ihn besser vom »normalen« Orangensaft ohne Fruchtfleisch unterscheiden zu können.

Dazu eine Nutzerin:
Hiermit ist bewiesen, dass die Deutschen AUCH mal was von den Niederländern übernehmen! Danke, denn diese Antwort macht mein Leben hier etwas erträglicher!
Antje aus H.

Wie heißen die einzelnen ***Zehen*** an den Füßen?

Der Laie spekuliert:

Daumenzeh, Zeigezeh, Stinkezeh, Ringzeh und kleiner Zeh
Evadne

»Stinkezeh« find ich super!! Davon hab ich zehn.
GuidoS

Würd gern mal sehen, wie jemand seinen nackten Zeigezeh auf mich richtet.
Meridin

Und dann gibt es da auch noch das »Hohe C« ;-)
Bine65

Ich würde es ganz pragmatisch angehen, versteh sowieso nicht, warum jeder Zeh einen Namen braucht: R1-R5 für den rechten Fuß, L1-L5 für den linken Fuß.
Alois Resal

Zeh-Namen:
Bei den Körnerfressern: Gisbert C., Norbert C., Regula C., Birte C. und Hajo C.
Beim bildungsfernen Publikum: Kevin C., Chantalle C., Mike C., Heaven C. und Jaqueline C.

Beim Promi: Delphine Malou C., Jimmy Blue C., Apple C., Peaches Honeyblossom C., Emma Tiger C.
Großer C

Phalangen bzw. Phalanx
Bianca

Phalanxen gibt's nur beim Raumschiff Enterprise: Phaser-Phalanx, Sensorenphalanx, Deflektorphalanx usw. Und die werden ja nicht mit ihren Zehen gekämpft haben, oder?
TrekStar

Der Experte klärt auf:
Dr. Johannes Dieck, Allgemeinmediziner, Berlin

Zehen werden mit dem lateinischen bzw. medizinischen Fachbegriff »digiti pedis« bezeichnet. Die größte Zehe heißt hallux, die kleinste digitus minimus. Die restlichen Zehen werden einfach nur nummeriert, heißen also digitus II–IV. Phalangen heißen übrigens in der medizinischen Fachsprache die Finger- und Zehenknochen.

Warum verspürt man ein unangenehmes Gefühl, wenn man auf *Alufolie* beißt?

Der Laie spekuliert:

Weil Alufolie nun mal einfach kein Grundnahrungsmittel für uns Menschen ist. Lieber mal einen Apfel essen, der ist gesünder!
Launi

Weil die Folie an den Zähnen kratzt und Metall (Aluminium) härter als der Zahnschmelz ist. Das gibt dann ein schmerzhaftes Gefühl, erst recht, wenn schon Nerven freiliegen.
Paul K.

Wie gestört muss man sein, um auf Alufolie rumzubeißen? Schon der Gedanke daran jagt mir eine Gänsehaut über den ganzen Körper. Das Ganze ist vielleicht einfach nur so ein Psycho-Ding, eine Art Alu-Phobie?
Chrissy

Ich glaube, der Effekt lässt sich evolutionsbiologisch erklären. Unsere pelzigen Vorfahren haben sich von Pflanzen, Wasser und Tieren ernährt. Alles unverpackt oder wie die Banane fein eingewickelt von Mutter Natur. Und sie haben gepeilt, dass es Verpackungen gibt, die man einfach nicht essen kann, wie z. B. die harten Schalen von Kokosnüssen. Auf so raffinierte, aber unnatürliche Verpackungen wie

Alufolie ist unser Körper nicht eingestellt und sendet beim Verzehr als Warnung einen leichten Schmerz aus.
Rainer

Der Experte klärt auf:
Dr. Walther Rotha, Zahnarzt

Wenn außer der Schokolade auch ein Stückchen Alufolie mit in den Mund gelangt, löst dies bei manchen Menschen ein äußerst unangenehmes Gefühl oder sogar einen Schmerz im Mund aus. Dieses unbeabsichtigte »Geschmackserlebnis« kennen nicht alle: Nur wer Amalgam-Plomben in seinen Zähnen hat, kann diese Erfahrung machen. Amalgam ist eine Metalllegierung, die vor allem aus Silber, Zinn, Kupfer und Quecksilber besteht. Kommt nun Alufolie in den Mund, dient der Speichel als Stromleiter, als sogenanntes Elektrolyt. Dadurch fließt, wie bei einer kleinen Batterie, ein schwacher Strom zwischen der »unedlen« Alufolie und der »edlen« Amalgam-Plombe. Diese »alternative Form« der Energieerzeugung ist zwar ziemlich umweltfreundlich, erzeugt aber das beschriebene unangenehme Gefühl oder reizt schmerzhaft den Zahnnerv.

Warum ist ***OP-Kleidung*** meistens grün (oder blaugrün)?

Der Laie spekuliert:

Damit man sich schon mal an die Farbe gewöhnt, wenn man ins Gras beißt.
Lothar Hesse

Weil Blutspritzer auf grüner Kleidung braun aussehen. Somit erschrecken die Patienten nicht so sehr.
Ulli

Weil Grün die Farbe der Hoffnung ist, ihr Dauerpessimisten!
Ines

Und bei einer OP mit nem Vulkanier würde man gar kein Blut drauf sehen – wieder ein Beweis dafür, dass der große medizinische Fortschritt von Außerirdischen auf die Erde gebracht wurde. Ich sag nur: Schädel-OP's im alten Ägypten. Däniken hat doch recht!
42

Das hat irgendwas mit den Viren und Bakterien zu tun! Die lieben kein Grün!
Gaby

Der Experte klärt auf:
Universitätsklinik Köln

Die Kleidung des Krankenpflegepersonals und der Ärzte ist in einzelnen Bereichen unterschiedlich: grün (OP), weiß (Station) und blau (Intensivbereich). Es gibt eine mögliche Erklärung, warum OP-Kleidung grün ist. Grün ist eine sehr beruhigende Farbe. Zudem reflektiert sie weniger vom sehr hellen Licht der OP-Lampe. Je nach Bereich muss die Kleidung nach dem Tragen besonders behandelt bzw. gereinigt werden.
Die farbliche Unterscheidung erleichtert dies in der Fülle der verschmutzten Kleidungsstücke.

Wie heißt die ***Bodenwelle***, die den Verkehr beruhigen soll?

Der Laie spekuliert:

Ich kenne die als »spanische Reiter«.
Chris

Bei uns heißt die Bodenwelle, die sich auf dem Weg zum McDonalds-Parkplatz befindet, »Kotzhügel«.
Julia

Hier in Mexiko heißt das Ding Tope oder Topes.
Hendrik

In den USA nennt man sie »Mexican bumps«, was wohl mit dem Fahrstil im Süden zu tun hat.
Bernhard G.

Schöne warme Grüße aus Brasilien, hier heißen die Dinger »quebra Mola«, was soviel wie »Stoßdämpfer brechen« bedeutet.
J. Siegfried

In Peru heißen die Bodenschwellen »rompe muela«, das heißt Backenzahnbrecher, was nämlich eintritt, wenn man sie nicht ernst genug nimmt.
Mirella

Nach 30000 Kilometern durch derart bepflasterte Straßen heißen diese Dinger in unserer Familie: HINDERBOLZEN
Britta

Ein Arbeitskollege hat mich aufgeklärt, das sind die Gräber von toten Verkehrspolizisten, damit sie nach ihrem Tod noch was für den Straßenverkehr tun können.
Siggi

Bei uns werden die GTI-Bremse genannt.
Seehuhn

Der Experte klärt auf:
Ph Gummitechnik GmbH & Co.KG, Bad Berleburg

Der Fachbegriff für verschiedene Arten der im Volksmund »Bodenwellen« genannten Verkehrsberuhiger ist »fahrdynamische Aufpflasterungen« oder auch »Fahrbahnschwellen«. Wir produzieren z. B. Plateauaufpflasterungen mit sogenannten »Berliner Kissen«, die dann u. a. in 30er-Zonen zur Geschwindigkeitsreduzierung eingesetzt werden. Je nach Region haben sich aber sehr unterschiedliche Bezeichnungen hierfür entwickelt. So werden die Bodenwellen in den USA oft »sleeping policeman« genannt, was etwas makaber erscheint. In Holland nennt man sie »Drempel«, in Köln »Kölner Schwellen«. Daneben haben wir auch schon die Begriffe Bremshuppel, Huckel und Huppel gehört.

Warum steht eigentlich auf Mineralwasserflaschen ein *Mindesthaltbarkeitsdatum*?

Der Laie spekuliert:

Wasser in fest verschlossenen Flaschen kann nicht schlecht werden – das Datum ist also zur reinen Beruhigung der immer so korrekten Deutschen. Muss aber auch auf alle Getränke mit rauf.
Manfred

Was die Mindesthaltbarkeitsdatumsaufdruckpflicht betrifft: Ich habe noch nie ein ebensolches auf einer Flasche Wein oder Hochprozentigem gesehen. (Das wäre doch lustig: »Herr Ober, das Haltbarkeitsdatum vom Cabernet Sauvignon 1953 zu 200 €/Flasche ist ja seit 30 Jahren abgelaufen …«)
achduliebergott

Damit man sich auch da freuen kann, wenn es das eigene Geburtsdatum ist. Ich hebe solche Produkte immer gern bis dahin auf und esse/trinke sie dann zur Feier des Tages alle mit einem Mal.
Traudi

Wieso denke ich eigentlich immer, dass ich verrückt bin?
berni**

Ich habe gehört, dass kein Wasser der Welt wirklich keimfrei ist, außer vielleicht es kommt aus dem Weltall. Ganz langsam fangen sich dann Bakterien und andere Keime an zu vermehren, und nach Ablauf des Mindesthaltbarkeitsdatums kann man davon krank werden. Sollte man also besser die Finger von lassen.
Pille

Muaahhh! Gefährliches Wasser!!
Dr. Evil

Der Experte klärt auf:
Wasserlexikon der Fa. Gerolsteiner Brunnen GmbH & Co. KG, Gerolstein, www.gerolsteiner.de

Natürliches Mineralwasser ist in der original verschlossenen Flasche nahezu unbegrenzt haltbar. Der Grund hierfür liegt in der natürlichen Reinheit, der hygienischen Abfüllung und in der konservierenden Wirkung der Kohlensäure. Aus rechtlichen Gründen verlangt der Gesetzgeber jedoch die Angabe eines Mindesthaltbarkeitsdatums. In der Regel werden bei Mineralwasser in Glasflaschen zwei Jahre angegeben. Bei PET-Flaschen ist das Mindesthaltbarkeitsdatum meist mit etwa einem Jahr angegeben und damit kürzer bemessen, da die im Mineralwasser enthaltene Kohlensäure durch das nicht hermetisch dichte PET sowie den Verschluss langsam entweichen kann.
Doch auch nach Ablauf dieser Fristen kann das Mineralwasser bedenkenlos getrunken werden.

Warum trägt *Micky Maus* in den Comics eigentlich immer weiße Handschuhe?

Der Laie spekuliert:

Vielleicht weil sie so hässliche Hände hat und sich dafür schämt.
Chicaaaa

Comicfiguren sind ja meistens freundlich und rechtschaffen. Aber wenn sie weiße Handschuhe tragen, sollte man sich überlegen, was dahintersteckt. Wollten sie etwa keine Fingerabdrücke hinterlassen?
Loona

Das kommt von der Bühne: diejenigen Schauspieler, die Pantomime gespielt haben, hatten weiße Handschuhe an, damit die Bewegung und Gestik der Hände noch deutlicher zu sehen war. Bei den Zeichentrickfiguren ist die Sprache der Hände auch sehr wichtig, weiße Handschuhe unterstützen das am besten.
Harry

Allerdings sind in Japan Hände mit vier Fingern unbeliebt, denn die Zahl 4 bringt kein Glück, und die dortigen Yakuza (Mafiamitglieder) haben als Erkennungszeichen nur vier Finger. Somit ist in Japan die Mickymaus ein Mafiamitglied!
Franz

Der Experte klärt auf:
Hans Jarow, Filmhistoriker, München

Anfangs hatte die Maus keine Handschuhe an, erst im sechsten Kinofilm »When the Cat's Away« 1929 sieht man dies zum ersten Mal. Aber die Micky Maus hatte von Anfang an nur vier Finger. Das war wohl eine produktionstechnische Entscheidung. In einer Biographie wird Walt Disney so zitiert: »Wir mussten immer schneller immer mehr Filme produzieren, daher verpassten wir der Maus vier Finger und weiße Handschuhe, damit es schneller ging. Auch auf Haare und andere Einzelheiten verzichteten wir.« Wenn man sich die alten Filmbilder ansieht, dann kommt man zu dem Schluss, dass es vielleicht auch künstlerische Gründe hatte, denn die dünnen schwarzen Fingerchen sahen auf der Leinwand einfach nicht gut aus. Die Handschuhe passten auch optisch besser zu den großen Schuhen, in denen Micky, laut Disney, aussehen sollte »wie ein kleiner Junge, der in Vaters viel zu großen Schuhen herumläuft«.

Wieso klebt der *Sekundenkleber* nicht in der Tube?

Der Laie spekuliert:

Weil er die Sekunden klebt und nicht die Tube!
Anonymous

Um das Verkleben der Sekundenkleberspitze zu vermeiden, empfehle ich etwas Vaseline an dieselbige. Merke: Vaseline ist nicht nur gut für den Popo und Autotürdichtungen!
CrazyCatweazle

Das hat irgendwas mit Alkohol zu tun, der da drinsteckt. Der hält den Kleber flüssig. Und wenn er an die Luft gelangt, verdunstet der Alkohol und der Kleber klebt (wird fest). So ist das auch bei Nagellack und Malerfarbe. Irgendwie so, hat mir das mal meine Chemie-Lehrerin erklärt.
Franz

Trotz Alkohol würd ich sicherheitshalber nicht allzu viel am Sekundenkleber schnüffeln – Nase ist schließlich keine Tube und verklebte Popel sicher kein Spaß.
Louis

Der Experte klärt auf:
Verbraucherberatung Klebestoffe / Bau- und Renovierungsprodukte Fa. Henkel (»Pattex«), Düsseldorf:

Sekundenkleber sind Reaktionsklebstoffe, die zwar nicht alles, aber doch sehr viele Materialien kleben. Sie benötigen Feuchtigkeit, um zu reagieren bzw. auszuhärten. Diese Feuchtigkeit kommt erst beim Kleben aus der Luft. Sie kann natürlich auch aus den Klebeteilen kommen, z. B. wenn man unvorsichtig arbeitet und Sekundenkleber auf die Finger kommt. Die Feuchtigkeit auf der Haut führt hier zu einer äußerst schnellen Reaktion.
Außerdem härten Sekundenkleber erst dann sekundenschnell aus, wenn sie in dünne Schichten zusammengepresst werden. Deshalb kann die Tube auch während der Klebarbeit kurze Zeit offen stehen bleiben, und der Klebstoff wird in der Tube nicht fest.

Wird in manchen *Schwimmbädern* das Wasser rot, wenn man hineinpinkelt?

Der Laie spekuliert:

Alles Quatsch. Da man Blasenschwache und Inkontinente nicht bloßstellen darf, ist nirgendwo das Einfärben erlaubt. Die Geschichte wurde von Eltern ausgedacht, damit die Kleinen nicht ins Schwimmbad schiffen.
MisterX

Die Antwort kann ja jeder ganz einfach selbst finden: 2l-Flasche Wasser austrinken. Warten. Nochmals einen großen Schluck Wasser nehmen und auf ins Schwimmbad. Dem Druck noch nicht nachgeben. Langsam ins feuchtwarme Wasser eintauchen und dann einfach … entspannen.
Schorschi W.

Schade, dass es keinen Nachweisstoff für Logorrhoe gibt, der würde bei dir knallrot anzeigen!
Megan

Das Wasser wird nur rot, wenn man ernsthafte Blasenprobleme hat und pures Blut pinkelt!
Stefan

Der Experte klärt auf:
Charles Rattner, Bademeister und Finalist zur Wahl »Mr. Baywatch 2005«, Hamburg

Diese Legende wurde schon vielen Kindern erzählt, um sie davon abzuhalten, ihr kleines Geschäft der Bequemlichkeit halber gleich im Swimmingpool zu erledigen. Aber die rote Wolke um die Badehose braucht niemand zu fürchten, denn einen solchen Zusatzstoff gibt es nicht. Sonst wäre das Wasser im Kinder-Schwimmbecken wohl ständig tiefrot. Theoretisch wäre es durchaus möglich, eine Chemikalie zu entwickeln, die auf Harnstoff reagiert. Doch ein typisches Schwimmbecken mit 50 Meter Länge und 25 Meter Breite hat, je nach Tiefe, schon ein Fassungsvermögen von ca. drei bis fünf Millionen Liter. Man bräuchte also ganz erhebliche Mengen einer ungefährlichen Substanz dafür.
Auch wenn laut einer Studie aus den USA etwa 20 Prozent der Erwachsenen ins Wasser pullern: Das größte Problem in öffentlichen Schwimmbädern ist nicht der Urin, sondern es sind die Kolibakterien, also die menschlichen Darmbakterien. Sie werden mit Chlor bekämpft. Das Chlor reagiert allerdings mit dem Harnstoff im Urin und erzeugt so den typischen »Schwimmbadgeruch«.

Sterben *Spinnen* im Staubsauger?

Der Laie spekuliert:

Wir benutzen einen beutellosen Staubsauger. Man kann während des Saugens wunderbar beobachten, wie die aufgesaugten Dinge in einem runden Plexiglasbehälter lustig durch die Gegend sausen. Überstanden hat diese Karussellfahrt bisher noch kein Insekt. Im Normalfall werden sie während der »Fahrt« mit Zigarettenkippen, Schrauben oder Ähnlichem erschlagen.
Jan

Tierquäler!
Gudrun

Nein, sie fressen sich voll mit den vorher ausgesaugten Staubmilben, vermehren sich dort hurtig und kriechen des Nachts zu Tausenden durch das Saugrohr zurück in die Wohnung, wo sie sich persönlich beim Besitzer für den Spaß bedanken.
Spinnenfan

Das hängt vom Staubsaugermodell ab!!! Bei Saugern mit max. Leistung von 800 kW und Saugrohrlänge von max. 1,8 m stirbt das Tier nicht! Ab 1300 KW Leistung und 2,3 m Schlauchlänge ist es sicher hin!!!!
Anonymous

Durch den Unterdruck, der beim Einsaugen der Spinne entsteht, platzt der Spinne die Lunge. Selbst wenn das nicht passiert, knallt sie am Ende gegen den Schlauch und wird allein dadurch schon zerdrückt. Also, bitte die Spinne auf ein Blatt Papier setzen und in den Garten tragen. Ist nicht so unangenehm für die Spinne.
Reggaecowgirl

Und dann im Garten ordentlich drauftreten!!
Roger

Der Experte klärt auf:
Presse-/Öffentlichkeitsarbeit der Fa. Miele & Cie. KG, Gütersloh

Wenn Spinnen mit dem Staubsauger aufgesaugt werden, werden sie dies vermutlich nicht überleben. Denn die Geschwindigkeit, mit der sie durch Saugrohr- und Saugschlauch transportiert werden, ist sehr hoch und kann – abhängig von der eingestellten Saugleistung – durchaus bis zu 140 Stundenkilometer betragen.
Deshalb der Tip: Vor dem Griff zum Staubsauger einfach versuchen, die Spinne schonend ins Freie zu befördern.

Warum trinken im Flugzeug so viele Passagiere ***Tomatensaft***?

Der Laie spekuliert:

Weil Tomatensaft eins der wenigen Getränke ist, die nicht harntreibend wirken (wer will schon im Flugzeug auf die Toilette).
Suni

Typisch, das konnte nur von einer Frau kommen – ihr müsst doch nach jedem Schluck gleich auf's Klo!
Moritz aus Köln

Harn-Macho!!
Suni

Ich trinke Tomatensaft im Flugzeug, weil ich ihn in der U-Bahn nicht angeboten bekomme.
arif

Das ist doch ganz logisch … es gibt Leute, die vor Angst rot anlaufen!!! Um ihre Angst zu verbergen – also um sich nicht zu genieren – trinken sie Tomatensaft, damit sie eine Ausrede haben!!! Meistens kommt dann als Antwort: das Enzym des Tomatensaftes … oder einfach die rote Farbe … ist in meinen Kopf übergegangen!!!
Steffi

Die Gründe hierfür liegen sowohl in der Person des Reisenden als auch im Anlass der Flugreise. Inlandsflüge werden überwiegend von Geschäftsreisenden belegt. Diese trinken entweder Wasser oder alkoholische Getränke. Charterflüge (Urlaubsflüge) werden in der Regel von Leuten gemacht, die nicht so oft fliegen. Für diese Leute stellt der Flug ein herausragendes Ereignis mit ungewissem Ausgang dar (Klappt der anschließende Transfer? Ist das Hotel in Ordnung? Stürzen wir ab? usw.). In einer solchen Gefahrensituation trinkt man normalerweise keinen Alkohol. Trotzdem will man dieses Ereignis entsprechend würdigen, Wasser wäre zu profan, daher greift man eben zu einem ungewöhnlichen nichtalkoholischen Getränk: Tomatensaft!
Josia

Der Experte klärt auf:
Janis Eitner, Pressestelle des Fraunhofer-Instituts für Bauphysik, Stuttgart

Im Rahmen einer sensorischen Studie im Fluglabor des Fraunhofer-Instituts für Bauphysik wurde das Geheimnis gelüftet, warum das Nachtschattenextrakt zu den beliebtesten Getränken im Flugzeug gehört. Die ersten Probandentests belegen, dass die Geruchs- und Geschmacksschwelle bei niedrigem Druck und geringer Luftfeuchtigkeit höher liegen und sich der kräftig schmeckende Tomatensaft deshalb ungebrochener Beliebtheit an Bord erfreut.
Das Fluglabor besteht aus einer Unterdruckkammer, in die ein 16 Meter langes Teilstück eines A310–200 eingehängt

ist. Die Inneneinrichtung entspricht nahezu dem Serienflugzeug und vermittelt den Probanden so einen authentischen Eindruck, während die Umgebungsparameter kontrolliert verändert werden können: Luftdruck, Kabinenaußenwandtemperatur, relative Feuchte, Geräuschpegel, Vibration, Licht, Luftzirkulation etc. Die Forscher des Fraunhofer IBP kamen bei der Testreihe zu dem Ergebnis, dass durch die Kabinenbedingungen das Geschmacksempfinden für Salz, Zucker und Kräuter viel schwächer wahrgenommen wird als am Boden. Essen und Getränke werden so wahrgenommen, als wäre man verschnupft.
Tomatensaft wurde bei Normaldruck deutlich schlechter benotet als bei Niederdruck. Er wurde als erdig, muffig beschrieben. Unter Kabinendruck traten hingegen angenehm fruchtige Gerüche und süße, kühlende Geschmackseindrücke in den Vordergrund.

Hat Coca-Cola ***Santa Claus/ den Weihnachtsmann*** erfunden?

Der Laie spekuliert:

Hätte der Weihnachtsmann eine Alternative? Cola hat Koffein. Kaffee auch. Hat der Weihnachtsmann eine Thermoskanne? Ich glaube nicht. Oder hat ihn schon mal jemand damit gesehen? Und wie soll er wach bleiben? Gehen wir davon aus, dass der X-Mas-Man die ganze Zeit unterwegs ist und keine Zeit hat, sich immer Kaffee zu kochen. Cola-Automaten gibt es aber überall. Hat der X-Mas-Man also die Idee von den allgegenwärtigen Cola-Automaten bei der Industrie verbreitet und kassiert als stiller Teilhaber Anteile? Damit kommen wir zur nächsten Frage. Ist er koffeinsüchtig? Wir sollten mal Mulder und Scully Fragen.
Subzero

Schöner Bogen vom »X-Mas-Man« zu den »X-Files« ;-)
john

Ich glaube, der Weihnachtsmann ist viel älter als das braune Gesöff! Der war doch schon vor Jahrhunderten in Jerusalem unterwegs.
Manni

Manni, der Weihnachtsmann ist der mit dem weißen Bart und der roten Mütze. Du meinst sicherlich den mit dem

braunen Bart und Rosenkranz auf dem Kopf – das ist Jesus. Und der hätte sicher aus Wasser Cola gemacht, wenn es die schon gegeben hätte.
Anonymous

Der Experte klärt auf:
Coca Cola GmbH, Berlin

Coca-Cola hat Santa Claus nicht erfunden, ihm aber das heute allseits bekannte und beliebte Gesicht gegeben. Wenn irgendwo auf der Welt ein Kind nach dem Aussehen von Père Noël, Babbo Natale oder Father Christmas gefragt wird, erhält man fast immer das gleiche Bild: einen pausbäckigen, großväterlichen Mann mit gütigem Lächeln, einem langen weißen Bart und einem roten Mantel. Doch das war nicht immer so. Noch zu Beginn des 20. Jahrhunderts zog man Santa Claus wahlweise blaue, braune, rote oder goldene Mäntel an. Zur Mitte des 19. Jahrhunderts galt der Mantel noch nicht einmal als typisches Santa-Claus-Gewand. Denn im Jahre 1835, als z. B. die Bezeichnung »Weihnachtsmann« in Heinrich Hoffmann von Fallerslebens »Morgen kommt der Weihnachtsmann« zum ersten Mal namentlich erwähnt wurde, trat der weihnachtliche Gabenbringer noch im Bischofsgewand auf. Auch das im 19. Jahrhundert bekannte »Väterchen Winter« ließ die Gestalt des heutigen Santa Claus nur wenig erahnen. Zwar hatte auch er einen langen weißen Bart und einen mit Pelz besetzten (jedoch blauen) Mantel, doch sollte sein Äußeres vor allem die Kälte des Winters und weniger die Wärme und

Güte der Vorweihnachtszeit ausstrahlen. 1931 erhielt Santa Claus sein heute als typisch und traditionell geltendes Aussehen, als die The Coca-Cola Company in Atlanta den schwedisch-amerikanischen Zeichner Haddon Sundblom damit beauftragte, Santa Claus für ihre Weihnachtskampagne zu gestalten. Sundblom schuf einen liebenswerten Santa Claus zum Anfassen, mit gütigem, pausbäckigem Gesicht, langem weißen Rauschebart, gekleidet in den Coca-Cola-Farben: mit rotem Mantel, weißem Pelz, schwarzem Gürtel und schwarzen Stiefeln. Modell stand ihm dabei ein weißhaariger, pensionierter Coca-Cola-Verkaufsfahrer mit verschmitztem Lächeln und rosigen Wangen. Aus der ursprünglichen Werbeidee ist bis heute eine weltweit bekannte Symbolfigur geworden, die Wärme und Güte ausstrahlt. In dieser großväterlichen und vergnügten Manier bereichert der Coca-Cola Santa Claus seit nunmehr 80 Jahren das Fest der Liebe.

Warum gibt es eigentlich keinen *Erdbeersaft*?

Der Laie spekuliert:

Das Rot der Erdbeere ist sehr anfällig für Sauerstoff und wird schnell gräulich. Damit wäre der Saft sehr unansehnlich.
Ingo

Als ob das ein Grund wäre – ordentlich chemische Zusätze und Farbstoffe rein, dann passt das schon. Wird doch bei anderen Getränken gern gemacht. Denke da an die giftgrünen oder gelben Zuckerdrinks für Kinder.
Pepe

Versucht mal, eine Erdbeere auszuquetschen. Da kommt kaum was raus. Unvorstellbar, wie viele Erdbeeren man bräuchte, um richtig viel Saft daraus zu machen.
*jane_*

Chuck Norris kriegt das hin! Der macht sogar aus Erdbeeren Bananensaft.
Max_FF

Hab gelesen, dass Erdbeeren – vor allem aus südlichen Ländern – deutlich mehr Pestizide und andere Wirkstoffe enthalten, die gefährlich für den Menschen sein können.

Die stecken dann auch in den Früchten drin und lassen sich nicht abwaschen, wären also auch im Saft drin. Das Risiko will kein Hersteller tragen.
Valerie

Der Experte klärt auf:
Ein großer Fruchtsafthersteller

Erdbeeren sind sehr teuer und nur sehr schwankend auf dem Markt zu bekommen. Bei Rohwareneinkaufspreisen von mehreren Euro pro Kilo wäre ein vernünftiger Verkaufspreis für den Saft kaum zu erzielen. Dazu kommt die Geschmacks- und Aromaqualität der Erdbeeren, die sehr schwankend sein kann und den Preis in die Höhe treibt. Die Getränke, die mit Erdbeere erhältlich sind, enthalten entweder homöopathische Dosen oder es handelt sich um Nektare oder andere Getränke, jedenfalls nicht um Fruchtsäfte. Die Konsistenz selbst macht es unmöglich, einen Saft pur zu produzieren. So gibt es auch keinen Bananen- oder Mangosaft. Diese Früchte eignen sich im Fruchtsaftbereich nur in kleinen Mengen.

Warum bekommt man *Schluckauf*?

Der Laie spekuliert:

Weil ich so gerne erschreckt werde.
Hanni

Meine Bio-Lehrerin hat mir mal erzählt, dass es sich dabei um eine Zwerchfell-Rhythmusstörung handelt.
Orphinion

Dann könnte man den Schluckauf ja wie Rhythmusstörungen am Herzen behandeln – mit Stromschocks! Hat das schon mal wer ausprobiert?
Tanja4

Jjjjaa,, iicchh gggggggeeerrrrrraadddee …
Sttrrroomiiii

Bei Babys und Kleinkinder soll Schluckauf ein Zeichen dafür sein, dass sie frieren.
Charly

Es denkt jemand an dich und küsst eine(n) andere(n)
Margot_Heilbronn

Bei den Bewegungen, die der Schluckauf bei mir verursacht, küsst der Jemand nicht nur, sondern geht heftiger zur Sache!
John

Die Expertin klärt auf:
Veronika Langguth, Atemtherapeutin und Kommunikationstrainerin, Neunkirchen-Seelscheid

Der Schluckauf geschieht durch eine Reizung des Zwerchfellnervs (Nervus Phrenicus). Infolgedessen verkrampfen sich Zwerchfell und Rippenmuskulatur reflexartig, wodurch sich die Lunge ruckartig ausdehnt und dadurch eine heftige Einatmung forciert. Nun verschließt sich ebenso blitzschnell die Stimmritze im Kehlkopf. Der Luftstrom schlägt dagegen und es entsteht das typische hicksende Geräusch.
Ursachen für eine Reizung des Zwerchfellnervs sind Dehnungen des Magens oder der unteren Speiseröhre als Folge zu hastigen Essens oder der Aufnahme scharfer, sehr heißer oder kalter Nahrung. Auch kohlensäurehaltige Getränke oder Alkohol – der zusätzlich die Reflexschwelle herabsetzt – können Schluckauf auslösen.
Notfalls dient er als Würgereflex, um festsitzende Speiseinhalte weiterzutransportieren. Psychisch bedingte Ursachen sind Aufregung und Stress.
Wenn Schluckauf länger als einen Tag anhält oder sehr häufig auftritt, sollte das medizinisch abgeklärt werden, da es ein Begleitsymptom einer Krankheit bedeuten kann. So können Entzündungen der inneren Organe oder Er-

krankungen des zentralen Nervensystems zu einer Zwerchfellreizung führen.
Es wird vermutet, dass der Schluckauf entwicklungsgeschichtlich ein Überbleibsel aus der Zeit ist, als unsere Vorfahren noch Kiemen hatten. So beobachtete ein französisches Forscherteam von der Pitié-Salpêtrière-Klinik in Paris, dass Kaulquappen und andere Amphibien Wasser durch ihre Kiemen in den Mund pressen und dabei gleichzeitig den Weg zur Luftröhre verschließen, um ein Eindringen des Wasser in ihre Lungen zu verhindern.
Weiterhin zeigen Ultraschalluntersuchungen, dass Feten bereits ab der neunten Schwangerschaftswoche ihre Atemmuskulatur trainieren, wobei der Schluckauf-Reflex das Einatmen von Fruchtwasser verhindert. Auch im Säuglingsalter unterbindet der Schluckauf bis zur vollständigen Ausbildung des Kehlkopfes das versehentliche Einatmen von Muttermilch oder Speisen. Selbst Kleinkinder hicksen noch 3000 mal häufiger als Erwachsene.

Wie heißen die harten Plastikenden an den *Schnürsenkeln*?

Der Laie spekuliert:

In einer der Folgen von »Pinky & Brain« werden sie »Egletts« genannt.
fraggingBrain

Im Bedarfsfall heißt so was bei mir Nöppel.
Wito

Im Film »Cocktail« mit Tom Cruise war mal die Rede davon. Ich glaube, da wurden sie als »Flügelbinder« bezeichnet.
Stefan Dietze

Bist du sicher, dass das kein Übersetzungsfehler war?
Hanna

Viel zu kompliziert. Das sind Aufdrösel-Sicherungen.
Regina

Der Experte klärt auf:
Rainer Barth, Schnürsenkelproduzent, Fa. Barth GmbH, Höslwang

Die Antwort ist »Nadel« als Fachausdruck oder »Spitze« im Volksmund.

Ist *Wickie* ein Junge oder ein Mädchen?

Der Laie spekuliert:

Ich meine mal gehört zu haben, dass Wickies Vater »Mein Sohn« gesagt hat ... ganz sicher bin ich mir aber nicht.
Krischan

Er hat immer wie ein Junge gehandelt und nie einen Zweifel daran aufkommen lassen. Damit meine ich, wenn z. B. Heidi kurze Haare gehabt hätte und »Hille« geheißen hätte ... würde heute trotzdem keiner fragen, ob sie männlich oder weiblich ist ;)
brain'o'matic

Ich erinnere mich, dass Wickie in einer Folge mal das Schiff rückwärts perfekt in eine Parklücke navigiert hat, was der endgültige Beweis für seine Männlichkeit sein dürfte :o)
Engel

Wickie ist dem Namen nach ein Mädchen, vom Verhalten und Aussehen nach kann keine Zuordnung getroffen werden. Diese Nicht-Eindeutigkeit ist im Zuge der Frauenbewegung in den 70ern wahrscheinlich gewollt.
Kalle

Der Experte klärt auf:

Die Experten von Studio 100 Media GmbH, München

Wickie ist ein Junge, wie in der Folge »Die Möweninsel« eindeutig belegt werden kann. Dort geht Wickie baden und hat keine Badehose an.

Warum klingt die eigene *Stimme* eigentlich so verändert, wenn man sie von einer Aufnahme hört?

Der Laie spekuliert:

Weil man sich selber vormacht, dass man eine schöne und einigermaßen erotische Stimme hat, doch auf Tonbändern hören wir die ungeschönte Wahrheit.
Anonymous

Es reicht doch, wenn andere hören müssen, was für einen Quatsch man manchmal zusammenlabert, ich glaub, das ist so eine Art Selbstschutz.
avalon

Die Frequenzen der menschlichen Stimme umfassen ein Spektrum von ca. 60 bis 12 000 Hertz. Durch die Übertragung wird die Amplitude des Frequenzbereiches zwischen 1200 und 3000 Hertz verkleinert, was zur Folge hat, dass die Stimme vom psychoakustischen Standpunkt her vulgär ausgedrückt »Scheiße« tönt.
abuess

Wichtig bei der Wahrnehmung der eigenen Stimme ist der psychologische Faktor. Die Stimme kommt einem fremd vor, was man nicht mag, da man sich selbst natürlich vertraut ist. Außerdem hören Aufnahmen meistens auch noch andere

Personen mit, so dass es einem zusätzlich noch unangenehm wird.
xtraa

Weil es einfach nicht mehr die eigene Stimme ist. Sie wurde von der Technik vereinnahmt, verändert und letztlich ihres natürlichen Klangs beraubt.
SveA

Der Experte klärt auf:
Andreas Deyle, Audioproducer, Berlin

Hört man sich selber, gelangt der Schall auch durch den eigenen Körper ins Ohr. Dieser Körper- bzw. Knochenschall addiert sich dann zum Luftschall, der durch Reflexionen an Wänden u. ä. entsteht.
Kommt die Stimme von einem Tonband, Video etc., wird sie nur durch den Luftschall übertragen und klingt damit anders und für die meisten ungewohnt.

Warum gibt es keine blauen *Gummibärchen*?

Der Laie spekuliert:

Die Psychologie meldet, dass man blaue Speisen nicht als appetitanregend empfindet. (Vielleicht, weil solche in der Natur nicht vorkommen?) Zudem sind wohl auch andere Speisefarbstoffe leichter herzustellen (Rot mit rote Beete, Grün mit Chlorophyll, etc. ...)
Bidi

1. Blau, Violett und Schwarz absorbieren zu viel Licht. Daher sehen Gummibärchen in diesen Farben nicht so leuchtend aus wie grüne, gelbe oder rote Gummibärchen. 2. Es gibt nichts Blaues, das wir essen (Ausnahmen bestätigen die Regel).
W. Hüttermann

Ganz einfach. Gummibärchen vertragen keinen Alkohol. Bevor sie so richtig blau sind, wird ihnen schlecht, sie müssen sich übergeben und werden ganz grün!
Manuela

Weil es keine Früchte mit blauem Fruchtfleisch gibt (zumindest soweit ich weiß) und die Farben den Farben von Früchten nachempfunden sind. Natürlich gibt es auch

dunkle Früchte, aber um diesen Bereich abzudecken wurde die Lakritze entdeckt.
Kloetzchen

Der Experte klärt auf:
HARIBO GmbH, Bonn

Vor vielen Jahren haben wir begonnen, bei einem Großteil unserer Produkte, auf künstliche Farbstoffe zu verzichten, so auch bei unseren HARIBO-Goldbären. Hier verwenden wir als färbende Mittel ausschließlich Frucht- und Pflanzenkonzentrate. Zwar gibt es heute Möglichkeiten, mit natürlichen Farbstoffen einen Blauton zu erzeugen, so dass grundsätzlich die Herstellung blauer Goldbären denkbar wäre, jedoch möchte die Geschäftsführung der HARIBO GmbH & Co. KG keine Veränderung des seit Jahrzehnten beliebten und bekannten Traditionsartikels vornehmen. Seit dem im Jahre 2007 durchgeführten Relaunch der HARIBO-Goldbären gibt es eine klare Zuordnung der Geschmacksrichtungen zwischen den auf dem Beutel abgebildeten Früchten und den enthaltenen Goldbären. Diese ist wie folgt: orange = Orange, gelb = Zitrone, weiß = Ananas, grün = Apfel, dunkelrot = Himbeere, hellrot = Erdbeere. Somit müssten – gemäß der von uns angestrebten Zuordnung – blaue Goldbären nach Blaubeere oder beispielsweise nach Pflaume schmecken. Hierbei handelt es sich um Geschmacksrichtungen, die unseren Erfahrungen nach von Kindern nicht favorisiert werden.

Wieso gehen Frauen immer zusammen aufs *Klo*?

Der Laie spekuliert:

Es ist wohl, um sich vor Männern zu schützen, die vor den Klos (oder sogar zwischen den Kabinen versteckt?) rumlungern ... Eben um sich vor Anmachen, sexuellen Belästigungen oder Vergewaltigungen zu schützen ... Denn Männer belästigen lieber allein umherirrende Mädchen.
zwei Klosisters

Ja klar. Männer – die fiesen Monster aus der Kloschüssel!!
Gerard

Wenn's nur um Smalltalk und Schutz vor blöder Anmache geht, würde es auch ein guter Freund tun. Aber selbst wenn Männer mit aufs Damenklo dürften, haben die wenigsten einen Blick dafür, ob die Kleidung oder die Frisur richtig sitzt. Die finden SIE immer hübsch – vor allem, weil sie wieder süß aus der Wäsche guckt. Ein schwuler Mann eignet sich hingegen perfekt und wird, wenn er als solcher zu erkennen ist, auch auf Frauentoiletten toleriert.
Wanja, der Frauenversteher

Eine Frau muss die Klobrille heben, während die andere sich die Haare wäscht!
Buyman

Bei dir würde ich die Klobrille heben und dich ertränken!
Gisa

Frauen sind Mitglieder einer weltweiten Verschwörung zur Übernahme der Erde durch Außerirdische, und alle Klos der Welt dienen sozusagen als kleine Zentralen, von denen aus kommuniziert und geplant wird. SO WATCH OUT FOR YOUR GIRLFRIEND!!!!
42

Das ist der einzige Ort auf der Welt, an dem man sich gut und ungestört unterhalten kann.
Lzzy

Der Experte klärt auf:
Umfrage der Firma Zewa, Hersteller von Toilettenpapier, Mannheim

Die Firma Zewa hat im Jahr 2001 eine Toilettenpapier-Umfrage zu dieser Frage durchgeführt. Das überraschende Ergebnis: Männer sind nicht das Hauptthema auf der Damentoilette! Nur 18 Prozent der über 500 befragten Frauen gaben an, sich auf der Toilette ungestört über Männer unterhalten zu wollen. Die Hauptgründe für den gemeinsamen Toilettenbesuch sind vielmehr: Frauen trauen sich entweder nicht alleine aufs Örtchen oder wollen gemeinsam lästern – nicht vorwiegend über Männer, sondern über ihr Make-up, Kleidung und Dinge, die ihnen auf die Nerven gehen. Das Thema Männer steht erst auf Platz drei der WC-Talk-Hitliste.

Wie heißt das Ding, das man im *Supermarkt* auf das Fließband zwischen die eigenen und die Waren des nächsten Kunden legt?

Der Laie spekuliert:

Meine Antwort: NÄKUBI (Nächster Kunde bitte).
Hans J. Bärtele

Was ich mich eher frage: Was ist, wenn man das Teil kaufen möchte? Legt man's dann einfach längs auf das Fließband oder zwischen seine Waren? Kann man das überhaupt kaufen? Will man das überhaupt kaufen? Und vor allem: Was kostet es?
Viz

Eine namhafte Werbefirma hat sich mal »Meindein« ausgedacht.
Bernd

Der Witz ist nur: zu diesem Zeitpunkt gehört den Kunden die Ware ja noch überhaupt nicht!
Beagel

Ich nenne das Ding immer gerne »Kundenlatte«, klingt so schön provokativ.
Christian

@Christian: Wen willst du denn heutzutage damit provozieren? Ned Flanders vielleicht?

Ganz einfach: WARENSTAFFELSTAB
Simon

Warenauffließbandabtrennungsteilausplastikmanchmal-auchausholz
Goeran Ahrens

Es ist zwar nur ein Gerücht, aber ich hab mal gehört, dass die Dinger unter den Kassierern einfach KUNDENKNÜPPEL genannt werden.
Anonymous

Manche Kassiererinnen sehn auch so aus, als ob ihr Zweitjob Domina ist ;-)
PolMan

Der Experte klärt auf:
Vertrieb für Promotions-Artikel, Erlangen

Eine Vertriebsfirma für Werbeartikel beschreibt den »Warentrenner« in ihrer Produktpalette wie folgt: »Aus Massivholz in seiner klassischen dreieckigen Form präsentiert sich der Warentrenner (40 × 3,5 cm). Der ideale PoS-Werbeartikel. Mit diesem Warentrenner, besonders geeignet für Produkt- und Markenwerbung, sprechen Sie täglich Ihre potentielle Kundengruppe an.«

Warum *frieren* Frauen mehr und häufiger als Männer?

Der Laie spekuliert:

Das hat evolutionsbedingte Ursachen. Unsere männlichen Vorfahren gingen zur Jagd oder zogen in den Krieg, da war eine sehr gute Durchblutung lebenswichtig. Ihre Frauen dagegen saßen am Feuer oder warteten zu Hause. Dort war es meist wärmer, und der Stoffwechsel der weniger belasteten Muskeln benötigte auch weniger Durchblutung.
Beagel

O ja, it's all in the genes. Wofür die Gene alles herhalten müssen, so ein totaler Quatsch!
JoSI

Frauen sind verletzlicher, sensibler, weicher, zärtlicher und spüren somit Veränderungen schneller. Außerdem trinken Männer mehr Bier, das wegen des Alkohols einen hohen Energiegehalt hat und somit zu einer höheren Körpertemperatur führt!
Harry

Weil Männer meistens stärker behaart sind. Das ist wie eine Art Fell, was sie nicht ganz so schnell frieren lässt.
Sorglos17

Weil Schminke allein nicht so warm hält wie ständiges Kratzen.
Manfred

Weil sie dank ihrer Intelligenz schneller merken, dass es kalt ist!
Mörchen

Die Expertin klärt auf:
Martina Frigge, Fachärztin für Allgemeinmedizin, Hamburg

Für das unterschiedliche Temperaturempfinden von Mann und Frau sind vor allem drei körperliche Aspekte verantwortlich: der Körperfettanteil, die Dicke und die Größe der Haut.
Frauen haben im Durchschnitt einen etwa zehn Prozent höheren Körperfettanteil als Männer, die dafür einen höheren Anteil an Muskelmasse aufweisen. Diese Muskeln können z. B. durch Zittern aktiv Wärme erzeugen, während die Fettzellen den warmen Körper lediglich mehr oder weniger gut gegen die kältere Umwelt isolieren können.
Die Haut der Männer wiederum ist wegen ihrer um ca. 15 Prozent höheren Dicke ein besserer Wärmeisolator als die der Frauen.
Zudem profitiert das männliche Geschlecht vom besseren proportionalen Verhältnis seiner Körpergröße zur Hautoberfläche. Obwohl Männer meist größer als Frauen sind, haben sie proportional dazu die kleinere Hautoberfläche und verlieren damit weniger Körperwärme.

Warum fällt das *Marmeladenbrot* immer auf die falsche Seite?

Der Laie spekuliert:

Weil Gegenstände immer mit dem größeren Gewicht voranfallen. Das Marmeladenbrot ist auf der Marmeladenseite schwerer als auf der Brotseite.
Jörg

»Weil diese Seite schwerer ist« – Aua!!! Wer solche Antwort gibt, hat im Physik-Unterricht absolut nicht aufgepasst. Vielleicht sollten sich die Herrschaften mal nach Pisa begeben. Da hat ein kluger Mann vor sehr langer Zeit schon das Gegenteil bewiesen. Na, dämmerts? Mathematisch und physikalisch gesehen ist es unmöglich, dass die Marmeladenseite häufiger als 50 Prozent auf eine bestimmte Seite fällt!
Beagel

Hat derselbe Experte vielleicht auch mal behauptet, die Erde ist eine Scheibe und der Mittelpunkt des Universums?
Ketzer

Wenn man Katzen, die ja immer mit den Pfoten zuerst auf dem Boden aufkommen, Brote mit der Marmeladenseite nach oben an die Pfoten bindet, fangen sie an zu schweben!
Der kleine Baur

Yeah, Brot und Katze = Levitation made by McGyver.
Jim

Der Experte klärt auf:
Tillman Bender, Physiker, Hannover

Die Erklärung für das Phänomen liegt im Zusammenspiel von Tischhöhe und Größe des Marmeladenbrotes. Das Brot, das ja auf dem Tisch mit der Marmeladenseite nach oben liegt, legt beim Herunterfallen einen Weg zurück, der genau der Tischhöhe entspricht. In den meisten Fällen »rutscht« das Brot vom Tisch, bekommt dadurch also einen Drehimpuls.
Die Fallhöhe reicht nun bei der normalen Größe eines Marmeladenbrotes allerdings genau für eine halbe Umdrehung, so dass das Brot in der Mehrzahl der Fälle auf der Marmeladenseite landet.

Wie heißt das Ding, mit dem man *Verstopfungen* im Klo beseitigen kann?

Der Laie spekuliert:

Bei uns in Österreich wird das Ding Hektor genannt! Zumindest die Fachbezeichnung lautet so! Wenn man's aber braucht, dann fragt man nur nach dem Ding für's Klo!
Christine

Bei uns heißt das Teil »Pfropfer« oder auch mal liebevoll »Pfropfbeule«. Unter dem Namen »Pfropfer« ist es mir auch im Bekanntenkreis bekannt, zumindest versteht es jeder, denn welches andere Teil könnte auch so einen Namen tragen?
Ela

... na z. B. Schnuller für Kleinkinder. Propfer rein und Ruhe is ;-)
Daniel

Ich dachte, das Ding heißt Retraktor.
anonym

Das heißt einfach »Saugglocke« – ist so!
Discofox

Würde gern das Gesicht der Gebärenden sehen, wenn die Hebi (für alle Themenfremden: die Hebamme) das Kind mit der Saugglocke holen will und dafür das Kloreinigungsding aus'm Baumarkt ranholt.
Rieckchen

Fäkal-Mega-Booster
Nils

Sanitär-Entstopfer
miri_6

Der Experte klärt auf:
Gerhart Klies, Gas- und Wasserinstallateur, Köln

Dieses »Ding« nennt man entweder Saugglocke oder oft auch Pümpel oder Pömpel.

Ist *Bier* gut für die Knochen?

Der Laie spekuliert:

Glaub ich nicht. Meine tun jedenfalls immer ziemlich weh, wenn ich nachts betrunken nach Hause gestolpert bin.
BitBurger

Naja, für die Haare soll so ein Bier-Shampoo ja auch Wunder wirken. Aber an die Knochen kommt's irgendwie schlechter direkt dran.
Melanie

Doch an einige Knochen schon: nämlich an die Zähne. Dann müssten aber die ganzen versoffenen Penner ja ein ausgezeichnetes Gebiss haben.
Vigo

Jeder Gang zum Kühlschrank, um ein neues Pils zu holen, sorgt für Bewegung. Also klare Antwort: Ja, Bier ist gut für die Knochen!
Darkster

Ist doch auch viel Wasser drin, und Wasser ist immer gut für den Körper.
mex_me

Der Experte klärt auf:
Studie von Prof. Charles Bamforth, Department of Food Science & Technology der University of California, Davis (CA)

Prof. Bamforth hat in einer Studie zum Thema nachgewiesen, dass Bier in der westlichen Welt einer der wichtigsten Lieferanten für Silizium ist. Das Silizium kommt dabei in Form der Orthokieselsäure vor und kann zu etwa 50 Prozent vom menschlichen Körper verwertet werden. Damit kann Bier der Osteoporose vorbeugen, bei der es zu einem Abbau der Knochensubstanz kommt. Der Siliziumgehalt der 100 untersuchten Biere lag zwischen 6,4 und 56,5 Milligramm pro Liter. Am siliziumreichsten sind danach Biere mit viel Hopfen und gemälzter Gerste. Das meiste Silizium steckt in der Hülle des Gerstenkorns. Darum steckt in einem Pils mehr vom wertvollen Silizium als beispielsweise in einem Weizenbier.

Entzieht *Kaffee* dem Körper Flüssigkeit?

Der Laie spekuliert:

Wenn man das Pulver trocken futtert, sind Mund und Rachen danach auf alle Fälle staubtrocken!
Gerry

Na vielleicht sollten wir Kaffee bei Erkältung durch die Nase schniefen, saugt dann den ganzen Rotz einfach weg wie Katzenstreu.
anonym

Ich muss jedenfalls gefühlt immer mehr Pinkeln von Kaffee, aber warum soll mehr rauslaufen als reingelaufen ist?
Nike

Vielleicht weil Kaffee in rauen Mengen dein Hirn verflüssigt??
Bernd G.

Der Experte klärt auf:
Referat Öffentlichkeitsarbeit der Deutschen Gesellschaft für Ernährung, Bonn

Richtig ist, dass Kaffee, oder besser gesagt das Koffein im Kaffee, die Funktion der Nieren stimuliert. Dies wirkt tatsächlich harntreibend, vor allem bei Leuten, die selten Kaffee trinken. Doch dieser Effekt ist nur vorübergehend und außerdem zu klein, um dabei von »Flüssigkeitsverlust« zu reden. Denn wer seinen Durst mit Wasser stillt, scheidet innerhalb eines Tages durchschnittlich 81 Prozent der aufgenommenen Flüssigkeitsmenge wieder aus. Bei Kaffeetrinkern liegt der Durchschnittswert mit 84 Prozent nur unerheblich höher. Darum wird Kaffee in die Flüssigkeitsbilanz miteinbezogen und zählt zur täglichen Gesamtwasserzufuhr wie andere Getränke auch. Allerdings sollte man seinen Durst lieber mit Mineralwasser, ungesüßten Früchte- und Kräutertees oder Fruchtsaftschorle löschen, die, anders als Kaffee, keine anregende Wirkung auf Herz und Kreislauf haben.

Kann man durch Sport wirklich sein *Körperfett* in Muskeln verwandeln?

Der Laie spekuliert:

Das ist aber eine einfache Frage – muss man doch nur mal ins Fitnessstudio gehen, da sieht man die Effekte von regelmäßigem Training!
Svenne

Meinst du die geschrumpften Hoden und verkleinerten Pillemänner als Ergebnis des Anabolika-Konsums in den Mucki-Buden?
Doris

Ich habe das Gefühl, das sind die gleichen Zellen, die je nach Lust und Laune mal als Fettzellen und mal als Muskelzellen arbeiten. So eine Art Waldorf-Zellen, die alles nach Tagesform selbst entscheiden dürfen. Da wär mir in meinem Körper eine Diktatur der Muskelzellen lieber!
Sine

Dann frag mal den grünen Hulk, wie toll das ist, wenn die Muskelzellen plötzlich die Macht in deinem Körper übernehmen …
The Incredible Green Holger

Der Experte klärt auf:
Bernd Walter, Fitnessberater, Potsdam

Richtig ist, dass durch Sport der Körper Energie verbraucht und diese Energie ab einem gewissen Zeitpunkt auch aus den Fettzellen holt. Doch die Anzahl der Fettzellen ändert sich nicht, denn sie werden dabei nicht verbraucht. Die Fettzellen ändern lediglich ihr Volumen und werden kleiner. Wenn der Mensch anfängt, regelmäßig Sport zu treiben, passt sich der Körper den neuen Anforderungen an und bildet Reserven für die Zukunft, d. h. die Leistungsfähigkeit steigt über das ursprüngliche Niveau und die Muskelzellen werden dicker und leistungsfähiger.
Da durch regelmäßigen Sport die Fettzellen kleiner und die Muskelzellen größer werden, kann der Eindruck einer Umwandlung von Fett- in Muskelzellen entstehen, was jedoch nicht richtig ist. Denn die verschiedenen Zellen ändern dabei lediglich ihr Volumen.

Ist es wirklich sechsmal so wahrscheinlich, vom *Blitz* erschlagen zu werden als im Lotto eine Million zu gewinnen?

Der Laie spekuliert:

Besonders ärgerlich, wenn man grad die Million gewonnen hat und dann vom Blitz erschlagen wird. Big Fail ;-)
Rufus

Mit Statistik kann man alles beweisen, auch das Gegenteil!
Skeptika

Kommt drauf an, wie oft du mit Antenne auf dem Kopf bei Gewitter auf's freie Feld rennst!
MarkO

Also in den Nachrichten müsste man dann ja auch sechsmal mehr Berichte über Blitztote sehen, als über Lottogewinner. Glaube nicht, dass das so ist.
Annemie

Genau, was die Tagesschau nicht erzählt, passiert auch nicht … Träum weiter, Süße!
DavidOff

Der Experte klärt auf:
Prof. Dr. Walter Krämer, Institut für Wirtschafts- und Sozialstatistik TU Dortmund

Das kommt auf den Zeitraum und darauf an, wie oft gespielt wird. Wenn jedes Jahr nur eine Tippreihe abgegeben wird, sind die Chancen auf einen 6er in einem Jahr rund 1:14 Millionen. Die Wahrscheinlichkeit im gleichen Jahr vom Blitz getroffen zu werden, ist mehr als zehnmal größer (über 100 Treffer auf 80 Millionen pro Bundesbürger im Jahr). Allerdings sind längst nicht alle Blitztreffer tödlich.

Soll man ab und zu den Körper »*entschlacken*«?

Der Laie spekuliert:

Bei mir funktioniert es, ich fühle mich dann jedes Mal rundum wohler. Bin sozusagen die lebende Antwort auf die Frage.
Nicki

Ist doch kein Hochofen so ein Körper, aus dem man einfach die Schlacke entfernt und alles ist wieder sauber.
Flo

Also ich entschlacke täglich – mit einem guten Buch auf dem Klo sitzend ;-) Super entspannend, kann ich nur jedem zuraten.
Geschäftsmann

Ich kann das ohne Buch und Keramikschüssel: jedes Mal, wenn ich zu viel getrunken hab. Dann entschlacke ich spontan oral.
Anonymer A.

Meine Frau schwört drauf und macht jedes Jahr eine Entschlackungskur in Tirol. Das bedeutet eine Woche Ruhe für mich – so rettet Entschlacken immer wieder auf's Neue unsere Ehe.
Gerald M.

Die Expertin klärt auf:
Silke Restemeyer, Öffentlichkeitsarbeit Deutsche Gesellschaft für Ernährung e. V., Bonn

Der im Zusammenhang zum Heilfasten immer wieder genannte Begriff »Entschlacken« ist wissenschaftlich nicht begründbar. In einem gesunden menschlichen Körper gibt es keine Ansammlung von Schlacken und Ablagerung von Stoffwechselprodukten. Nicht verwertbare Stoffe werden bei ausreichender Flüssigkeitszufuhr über den Darm und die Nieren ausgeschieden.
Als Maßnahme für die Gewichtsreduktion wird das Heilfasten übrigens nicht eingeordnet. Heilfasten kann aber ein Impuls für eine Änderung des Lebensstils sein. Die positiven Erfahrungen einer Heilfastenkur können zu einer gesundheitsbewussteren Lebensführung und einer Änderung der Ernährungsgewohnheiten führen. Eine Heilfastenkur kann jedoch eine medizinisch notwendige Therapie nicht ersetzen. Viele positive Wirkungen des Heilfastens sind wissenschaftlich kaum oder nur ungenügend belegt.
Grundsätzlich sollten Heilfastenkuren nur nach vorheriger Gesundheitsuntersuchung möglichst stationär oder unter ärztlicher Begleitung durchgeführt werden. Zu beachten ist, dass durch das Fasten die Wirkung von Medikamenten beeinflusst wird und evtl. eine Anpassung/Reduzierung der Dosierung erfolgen sollte. Kontraindiziert ist das Fasten z. B. bei Kachexie, Anorexia nervosa, in Schwangerschaft und Stillzeit. Menschen mit erhöhtem Purinspiegel ist wegen des Risikos eines akuten Gichtanfalls das Fasten nicht anzuraten. In jedem Fall ist eine Absprache mit dem Arzt notwendig.

Wie kommen eigentlich die Streifenmuster auf den *Rasen* im Fußballstadion?

Der Laie spekuliert:

Ich glaube, die verlegen Rollrasen. Bei mir im Garten sah das genauso aus, als ich die Bahnen in unterschiedlichen Richtungen verlegt habe.
Volker H.

Es gibt da die sog. »Rasentreter«, die den ganzen Tag nichts anderes machen, als den Rasen streifenweise in eine bestimmte Richtung zu treten. Geiler Job, bloß 'n bisschen monoton.
Chris

Verwechselst du die nicht mit der Frauenfußballnationalmannschaft?
Jupp

Die verschiedenfarbigen Rasenteile kommen von verschiedenen Rasensorten, die streifenweise ausgesät werden. Die eine Sorte ist dunkler, die andere heller.
Buzzi

@Jupp: haben wir mal wieder so schön macho-mäßig abgelacht?
Chris

@Chris: sorry, bin sonst nicht so, aber der musste sein.

@Jupp: Wie bist du den sonst so? Witzig?

Der Experte klärt auf:
Stefan Plasser, freiberuflicher Stadion-Greenkeeper, Berlin

Viele Laien meinen, die Stadion-Greenkeeper würden verschiedene Rasensorten aussäen oder dass der Rasen unterschiedlich lang gemäht wird. Tatsächlich entstehen die Streifenmuster aber durch die unterschiedliche Richtung beim Mähen. Um die Streifen noch deutlicher sichtbar zu machen, sind die Rasenmäher, anders als die meisten Heim-Rasenmäher, mit einer horizontal ausgerichteten Mähachse ausgerüstet, so wie es früher auch bei den Handrasenmähern der Fall war. Außerdem werden die Grashalme durch eine Walze in Mährichtung verbogen. Um den Effekt noch zu verstärken, mähen wir auch immer nur einen Teil des Rasens und lassen den anderen ein oder zwei Tage länger stehen. Seit 2004 hat die FIFA Regeln erlassen, die vorschreiben, wie die Muster im Rasen auszusehen haben. Die Grenzen zwischen dem hellen und dunkleren Rasen müssen danach exakt durch die Strafraumlinie, die Mittel- und die Fünfmeter-Linie laufen. Dadurch soll es den Schieds- und Linienrichtern, aber auch dem Publikum leichter gemacht werden, Regelverstöße, wie zum Beispiel Abseits, zu erkennen.

Warum steht auf ***Toilettentüren*** oft »00« und was bedeutet es?

Der Laie spekuliert:

»00« ist doch eindeutig ein Piktogramm eines Hintern
pancho

Ist doch klar: das »00« ist eigentlich eine auf der Seite liegende 8, das Zeichen für unendlich. Weil Männer mit einer guten Zeitung unendlich lange auf dem Klo sitzen bleiben können.
Herr Achter

Weil man die Tür benutzt, um auf der Toillette zu (l)ullen, aber dies genau (n) mal tun möchte. Ergibt zusammen nullen. Aber es gibt zwei Geschlechter (zwei mal nullen) Abgekürzt: »00«.
Hennecken Netwalker

Die doppelte Nulllösung, eben.
Hanka

Ja! »00« das bedeutet = WC, aber welche »00« für Damen oder welche für Herren?? Ich habe einen Vorschlag: 010 für Herren-WC und 000 für Damen-WC.
dinh trinh truong

Ist einfach ein genialer Werbefeldzug der gleichnamigen Kloreiniger-Marke! So viel kostenlose Werbung auf Millionen Stillen Örtchen ist einfach unbezahlbar. Im wahrsten Sinne des Wortes hat da jemand Scheiße zu Geld gemacht.
Daniel_K

Der Experte klärt auf:
Konstantin Dedreux, www.scheisse-museum.de

Früher gab es in vielen Hotels sogenannte Etagenklos, also eine Toilette für die jeweilige Etage, und sie befand sich immer in der Nähe des Treppenhauses oder des Aufzuges. Da die Zimmernummern bei 01 anfingen, wurde die Toilette kurzerhand als »00« bezeichnet.

Wer oder was ist »*Trick 17*«?

Der Laie spekuliert:

Trick 17 ist die Fortsetzung der 10 Tricks, die als Gegengewicht zu den 10 Geboten entwickelt wurden, ist doch klar. Die 10 Tricks wurden Moses nicht von Gott verkündet, sondern vom Teufel untergeschoben. Manche seiner Freunde aus dem Volk Israel wandten die 10 Tricks auch gleich an (siehe die Geschichte mit dem goldenen Kalb).
Trevgrund

Und was ist nun Trick 17, oder auch Trick 1 bis 16, deiner Theorie nach????
Kucki

Ich habe da so meine eigene Theorie. Das erste Mal habe ich »Trick 17« gehört, als ich mit ca. acht Jahren meine Fahrradprüfung gemach habe. Die Sache war die, dass man an einer Kreuzung, an der man nach links abbiegen möchte, nicht quer rüberfährt, sondern geradeaus und dann links abiegt. Wenn man nun den falschen Weg und den richtigen (nach links) auf einem Zettel aufmalt entsteht eine 17 … eigentlich doch sinnig … oder …?
Julian B.

Hast du die Prüfung bestanden?
Jne

Genauso sinnig wie die Weltverschwörung rund um die »23« der Illuminaten.
SteveO

Was ist dabei der Trick?
Anne

Der Experte klärt auf:
Prof. Wernfried Hofmeister und Jürgen Ehrenmüller vom Wort*Schätze-Projekt* (www.wortschaetze.uni-graz.at) *am Institut für Germanistik der Universität Graz*

Die Bezeichnung »Trick« wurde um 1950 aus dem Englischen entlehnt. Der Begriff ist dort im Bereich des Kartenspiels angesiedelt und bedeutet »listige Täuschung«. Schwieriger wird es aber mit der Deutung des Zahlworts 17, deren Zusammenhang mit dem »Trick« nicht völlig geklärt scheint: Die Siebzehn hat zwar symbolische Bedeutung (bei Augustinus zum Beispiel als Zusammensetzung von Zehn und Sieben), doch ob dieser eher elitäre Bildungshintergrund das Sprachbild motiviert hat, ist fraglich. Schlüssiger wäre es, den Ursprung des Ausspruches im Kartenspiel Whist zu sehen, also in unmittelbarer thematischer Nähe des »Tricks«, doch dort ist die höchstmögliche Stichzahl 13 und die Siebzehn nicht von Bedeutung.

Warum ist es oben auf dem *Gipfel* kälter als unten?

Der Laie spekuliert:

Weil man näher am Weltall dran ist.
Larsen

Ja, aber dafür doch auch näher zur Sonne, die müsste doch dann mehr brezeln als unten im Tal?
Willy the Weasel

Der Luftdruck drückt die ganze warme Luft an den Boden, da bleibt für oben nur noch die kältere.
anonym

Weil einem auf dem Berggipfel so richtig der Wind um die Ohren pfeift. Hoch oben in der Atmosphäre toben so richtige Stürme und die machen es da richtig ungemütlich.
Hannes

Der Experte klärt auf:
Martin Wurzner, Diplom-Meteorologe, Köln

Wenn die Sonnenstrahlen nach etwas mehr als acht Minuten auf der Erde ankommen, haben sie im Schnitt schon etwa 150 Millionen Kilometer hinter sich gebracht. Bei dieser Entfernung spielt es praktisch keine Rolle, ob die Sonnenstrahlen zwei-, drei-, vier- oder fünftausend Meter mehr oder weniger Wegstrecke zurückzulegen haben, bis sie auf die Erdoberfläche treffen. Deshalb haben sie nicht mehr oder weniger Energie. Wenn die Sonnenstrahlen dann die Atmosphäre durchquert haben, treffen sie auf die Erdoberfläche, welche dadurch erwärmt wird. Die warme Erdoberfläche erwärmt dann die Luft. Und zwar umso mehr, je näher die Luftschichten der Erdoberfläche sind. Ähnlich wie bei einer Herdplatte, wo die Luft umso heißer ist, je näher man der Herdplatte kommt. Hält man seine Hand sehr weit über die Herdplatte, spürt man kaum noch warme Luft.

Ein weiterer Grund für die Kälte in großer Höhe ist die Abnahme des Luftdrucks. Dünnere Luft hat bei gleichem Volumen weniger Moleküle als »dicke« Luft und kann somit auch weniger Energie aufnehmen, bzw. speichern.

Stillen *Veganerinnen* eigentlich ihre Babys?

Der Laie spekuliert:

Nein tun sie nicht. Sie geben ihnen so lange Salat zu essen, bis er ihnen schmeckt!
Felixmama

Ich denke schon, denn wenn sie vernünftig sind, dann lassen sie ihrem Kind die Wahl, ob es selbst Veganer wird oder nicht.
Tina

Nein das dürfen sie nicht, das müssen die Omas von den Babys machen.
Klaus

80-jährige Oma-Milch dürfte aber schon ziemlich ranzig sein ;-)
Frauke aus Franken

Wenn die Mutter artgerecht gehalten wird, dann ist Stillen wohl auch für Veganer okay.
Hitsch

Sicher, aber nur mit Kokosmilch. Die armen Kokosnüsse …
Carnivorus

Die Expertin klärt auf:
Katharina Petter, Vegane Gesellschaft Österreich, Wien

Wir definieren die vegane Lebensweise wie folgt: »Veganismus ist eine Lebensweise, die versucht – soweit wie praktisch durchführbar – alle Formen der Ausbeutung und Grausamkeiten an leidensfähigen Tieren für Essen, Kleidung oder andere Zwecke zu vermeiden.« Da das Stillen von Kindern nicht mit Leid verbunden ist, sondern – im Gegenteil – die Bedürfnisse von Säugling und Mutter gewöhnlich am besten und einfachsten befriedigt, stillen Veganerinnen selbstverständlich ihre Kinder. Studien zeigen sogar, dass vegane Mütter ihre Kinder häufig deutlich länger stillen als nichtvegane Mütter.

Warum haben *Waschmaschinen* Fenster, Geschirrspüler aber nicht?

Der Laie spekuliert:

Als Waschmaschinen in den Markt eingeführt wurden, fanden die Produzenten keine Käufer. Die Hausfrauen trauten der Technik nicht und dachten, die Wäsche wird beschädigt. Erst als ein Fenster in die Maschinen eingebaut wurde um den Vorgang zu visualisieren, konnten sich Waschmaschinen durchsetzen. Da wir jetzt alle wissen, dass Waschmaschinen eine enorme Arbeitserleichterung darstellen, brauchen wir bei dem Geschirrspüler keinen Beweis (Fenster) und trauen ihm einfach so!
Hendrik

Ich hätte gerne so ein Fenster auch im Kühlschrank, dann könnte man wenigstens mal kontrollieren, ob das Licht auch tatsächlich ausgeht. Andererseits sollte das Licht dann vielleicht doch lieber anbleiben, sonst sieht man ja nicht, was drin ist …
Ariane

Vorschlag zur Güte: Bei den fallenden Flatscreen-Preisen sollte man die verkleidete Front des Geschirrspülers etwas umbauen und einen Flatscreen befestigen. Per Laptop oder PC könnte man wahlweise DVDs anschauen, fernsehen – oder einen Beitrag aus der Sendung mit

der Maus anschauen, in dem die Spülmaschine erklärt wird.
SysOperator

Der Experte klärt auf:
Info-Team eines großen deutschen Hausgeräteherstellers

Bei einer Waschmaschine werden die verschmutzten Teile anders ins Gerät gegeben als in die Spülmaschine (einzeln – alle im Knäuel). Daher sind die Beladungsmöglichkeiten vollkommen anders als beim Geschirrspüler. Auch sind die Reinigungstechniken verschieden, beim Waschen durch Reibung und Bewegung, bei Geschirrspülern durch duschen bzw. abbrausen. Manche Kunden oder deren Kinder, möchten dem oft bunten Waschvorgang zuschauen, beim Geschirrspüler, wäre aufgrund der Reinigungstechnik nur eine nasse, bespritzte Scheibe zu sehen, also eher uninteressant.

Bekommt man von nassem und kaltem Wetter eine *Erkältung*?

Der Laie spekuliert:

Stimmt auf alle Fälle, wenn man nackig durch den Herbst rennt!
Ali

Wenn das stimmen würde, dann müssten die Eskimos ja ständig krank sein.
Grübler

Die Lösung steckt ja schon im Wort Er-KÄLT-ung. Man bekommt sie von Kälte!
Stine

Der Experte klärt auf:
Rayk Hennig, Facharzt für HNO-Heilkunde, Berlin

Nein, es stimmt nicht! Erkältungen werden in erster Linie von Viren ausgelöst. Kälte allein kann keine Vireninfektion auslösen. Sonst würden in der kalten Jahreszeit ja auch alle Menschen mit einer Erkältung herumlaufen. Außerdem sind die meisten Krankheitserreger sehr empfindlich gegen Kälte. Aber warum treten Erkältungen in der kalten Jahreszeit dann trotzdem häufiger auf als im Sommer? Dafür gibt

es im Wesentlichen zwei Gründe: Zum einen halten wir uns in der kalten Jahreszeit viel häufiger in beheizten Räumen auf. Dort ist die Keimzahl in der Raumluft viel höher als draußen. Außerdem trocknen die Schleimhäute schneller aus und sind bei Kälte schlechter durchblutet. Dies führt dazu, dass sich Krankheitserreger leichter ansiedeln und verbreiten können. Zum andern wird durch die Kälte die Immunabwehr des Körpers etwas herabgesetzt. Dadurch können die bereits im Körper vorhandenen Krankheitserreger nicht mehr so wirksam bekämpft werden – es kommt also häufiger zur Erkrankung als bei warmem Wetter.
Das Gefühl zu frösteln entsteht kurz vor dem Ausbruch von Fieber und den anderen bekannten Erkältungssymptomen. Darum denken viele Menschen, ihre Erkältung ist auf das Frieren zurückzuführen – dabei ist es genau umgekehrt.

Viele Menschen reagieren *allergisch* auf bestimmte Tiere. Gibt es eigentlich auch Tiere, die allergisch auf Menschen reagieren?

Der Laie spekuliert:

Ja, meine Katzen auf mich, wenn ich nachts das Metallica-Album auf volle Lautstärke aufdrehe und sie zum Headbangen zwangsverpflichte.
Isegrim

So, wie wir uns inzwischen mit Chemie zuduseln (Parfüm, Deo, Cremes, Puder usw.) wäre es kein Wunder, wenn Tiere dagegen eine Allergie entwickeln. Schließlich kommt so was ja nicht in deren natürlicher Lebensumgebung vor. Aus Tiersicht sind wir Menschen wandelnde Sondermülldeponien!
Lori

Deine Antwort ist Sondermüll vom Feinsten! Tiere kommen mit viel mehr Dreck und ungesundem Zeug in Berührung und haben ein viel stärkeres Immunsystem. Solltest mal sehen, was mein Benny (4-jähriger Labrador) so alles von der Straße frisst.
Alfredo

Der Experte klärt auf:
Dr. med. vet. Wolfgang Osthold, Fachtierarzt für Kleintiere – Hautkrankheiten, Schwalmtal

Ich habe in meinem Dermatologieleben ca. 3000 intrakutane Allergietests bei Tieren durchgeführt. Wirklich nachgewiesene Fälle, d. h. Klinik und Testung stimmen überein, waren extrem selten. In meiner Praxis vielleicht drei Mal. In diesen Fällen haben wir dem Tierbesitzer geraten, die direkten Kontakte zum Tier auf ein Minimum zu reduzieren. Shampoonieren (Handschuhe für den Tierbesitzer) war effektiv. Ich kann mich an eine Phase vor ca. 15 bis 20 Jahren erinnern, in der viele Tests positiv verliefen. Es stellte sich später heraus, dass die Testlösung wohl zu hoch konzentriert war, so dass sich (nur im Test) viele positive Reaktionen ergaben, also falsch-positive. Mittlerweile führe ich diese Testung auf humane Epithelien gar nicht mehr durch.

Warum sagt man »*Bombenwetter*«?

Der Laie spekuliert:

Die Wortzusammensetzungen »Bombenwetter«, »Bombenstimmung«, »Bombenerfolg« sind in der Theaterszene des 19. Jahrhunderts entstanden. Eine »bombige Vorstellung« war eine Aufführung, die aufgrund überraschend eingesetzter Knalleffekte ein großer Publikumserfolg wurde. Ähnliche Wendungen gibt es auch im niederländischen und im französischen: »Faire la bombe« (Leben in Saus und Braus). Der Bezug zur Bombe erklärt sich durch das Auftreten von etwas Ungewöhnlichem, Überraschendem, Herausragendem.
Guido M. B.

Weil man bei klarem Himmel, am besten sieht, wohin die Bomben fallen. Am Boden verursachte sie so »überraschende« Schäden beim Einschlag.
Hilli

Wenn dem so ist, sollte man solche Begriffe von nun an aus seinem Vokabular streichen.
Helga

Der Experte klärt auf:
Prof. Wernfried Hofmeister und Jürgen Ehrenmüller vom Wort*Schätze-Projekt* (www.wortschaetze.uni-graz.at) *am Institut für Germanistik der Universität Graz*

»Bombenwetter« bezeichnet gemeinhin besonders schönes Wetter, meist verbunden mit strahlendem Sonnenschein. Aber die »Bomben« kamen nicht etwa deshalb zum »Wetter«, weil Flugzeuge mit Bomben an Bord bevorzugt bei schönem Wetter aufstiegen: Nein, dieser Ausdruck und ähnliche Zusammensetzungen wie »Bombenstimmung« oder »Bombenerfolg« lassen sich sprachhistorisch auf das jiddische Wort »pompe« zurückführen, das – verwandt mit unserem Wort »pompös« – im 19. Jahrhundert hervorragend, großartig, höchst eindrucksvoll bedeutete und als »Bombenapplaus« über die Welt des Theaters in unsere Alltagssprache kam! Denn auch im Theaterleben spielten Kulturschaffende jüdischer Herkunft und daher auch ihre Sprache eine tragende Rolle.
Die Schreibung des Ausgangsworts »pompe« passte sich in diversen Zusammensetzungen an die bekanntere »Bombe« an. Als Bestimmungswort dient es der Intensivierung des Grundworts und ist so bis heute sprachproduktiv geblieben, auch in den Ausdrücken »Bombengedächtnis«, »Bombengehalt«, »Bombenfigur« etc. Dass übrigens viele weitere Sprachbilder aus dem Bereich des Theaters stammen, zeigen uns Wörter und Wendungen wie die »Rampensau«, »bühnenreif« oder die oft gehörte Bitte: »Mach doch nicht so ein Theater!« – nicht zu vergessen die schon oben verwendete »tragende Rolle«.

Funktioniert ein »*Konterbier*« wirklich?

Der Laie spekuliert:

Neulich war ich auf ner WG-Party und habe das am nächsten Morgen zum ersten Mal ausprobiert. Es hat auch wirklich geholfen, allerdings war ich gleich wieder richtig besoffen.
Mike A.

Der neuerlich zugeführte Alkohol vertreibt den Kater natürlich nicht wirklich, sondern wirkt nur etwas schmerzlindernd, weil der alte Rausch wieder verstärkt wird. Besser ein Katerfrühstück. z. B. mit einem Hering wegen der Mineralien, und viel Wasser trinken.
Ferdi75

Kommt drauf an, wie man »funktioniert« definiert ... Kopfschmerzen wegschießen – nein. Kopfschmerzen wegen neuem Rausch vergessen – ja!
Pützer

Wo gibt es denn dieses »Konter«. Kenne Pils, Lager, Kölsch und Alt, aber Konter hab ich im Edeka nicht gefunden?!
PartyAnimal

Der Experte klärt auf:
Prof. Dr. Michael Glei, Institut für Ernährungswissenschaften, Friedrich-Schiller-Universität Jena

Das »Konterbier« ist generell nicht zu empfehlen. Die typischen Symptome eines Katers werden durch die erneut ausgelöste Rauschwirkung nur auf einen späteren Zeitpunkt verschoben. Außerdem führt die Aufnahme weiterer alkoholischer Getränke zur fortschreitenden Dehydrierung des Körpers. Also besser: Wasser- und Mineralstoffzufuhr erhöhen und der Leber Zeit zum Alkoholabbau geben.

Wann ist etwas ein ***Obst*** und wann ein Gemüse?

Der Laie spekuliert:

Die Frage ist müßig. Es gibt real gar kein Obst und Gemüse, da beides nur sprachliche Oberbegriffe sind. Es gibt nur Rhabarber, Tomaten, Erdbeeren usw.
Reinhold

Na, da machst du's dir aber einfach! Weil die sprachliche Unterscheidung vielleicht etwas Mühe macht, lassen wir sie einfach gleich sein, oder was? Ja, nieder mit allem Schubladendenken – Freiheit für Rhabarber, Tomate & Co.!!
Walli

Ich würd's so definieren: Obst ess ich meist roh. Gemüse wird i. d. R. vorher gekocht ;-) Vielleicht auch deswegen, weil Obst meist süßer ist als Gemüse. Ist jetzt nur ne spontane Idee ;-)
Joey D.

Zumindest für mich ist Obst süß (oder sauer) und Gemüse nicht. Was man auch sagen könnte: Gemüse schmeckt gesüßt nicht und Obst schmeckt gesalzen nicht.
Lastfuture

Wenn man etwas pflücken muss, dann ist es Obst, muss man es ausgraben, ist es Gemüse.
Anonymus

Himmel und Erde, das beste Gericht der Welt.
schmatz

Der Experte klärt auf:
Michael Kindt, Ernährungswissenschaftler, www.esskultur.net

Unter Obst versteht man definitionsgemäß die »essbaren Früchte von mehrjährigen, meist in Kultur genommenen Gewächsen«. Der Begriff Obst entstammt dem althochdeutschen »ob-az«, was so viel bedeutet wie eine über das Essen hinausgehende Speise, also eine »Zukost«. Gemüse ist laut Lebensmittellexikon ursprünglich eine »gekochte, aus Pflanzen oder Pflanzenteilen bereitete Speise, meistens als Gericht, ein Teil der Hauptmahlzeit, zuweilen auch selbständiges Gericht«. Das Wort stammt aus dem Mittelalter und ist von »Mus« abgeleitet, was so viel bedeutet wie »breiige Speise«. Heute versteht man darunter »frische essbare Pflanzenteile krautiger wild wachsender oder in Kultur genommener Gewächse«. Kartoffeln und Pilze zählen allerdings nicht dazu. Zusätzlich hilft auch die Betrachtung von der botanischen Seite: Obst besteht botanisch nämlich aus den Keimzellen von Pflanzen und entsteht aus der Blüte. Gemüse entsteht aus anderen Pflanzenteilen. Tomaten und Zucchini sind demnach Obst. Somit gibt es zwar eine Antwort, aber so richtig zufrieden stellt sie wohl nur Botaniker.

Warum haben Männer *Brustwarzen*?

Der Laie spekuliert:

Weil sie ohne einfach komisch aussehen würden. Das sieht man doch bei Ken, dem Freund von Barbie!
Kevin S.

Dem fehlt aber auch noch ein ganz anderes Detail ;-) Bin im Rahmen der Sexualerziehung dafür, dass es bald mal einen naturgetreuen Ken mit allen Details gibt. Kann auch nicht schockierender sein als die Gangbang-Videos, die sich die Zwölfjährigen heute schon auf ihren Handys reinziehen.
Nils

Weil sie eigentlich eine Frau sind, gefangen in einer minderwertigen Körperhülle und ausgestattet mit einer oft schadanfälligen Beta-Version der Hirnsoftware.
Käthe

Damit es wenigstens zwei kleine Freiflächen auf ihrer haarigen Vorderseite gibt, auf der unsere Frauenlippen ohne Ekel landen können.
Mariah

Die Expertin klärt auf:
Angela Hanfner, Hebamme, Berlin

Im Prinzip besitzen Männer alle Anlagen, wenn auch verkümmert, die zur Milchbildung erforderlich sind. Das männliche Y-Chromosom ist der Grund, warum sie nicht vollständig ausgebildet werden. Am Beginn einer Schwangerschaft entwickeln sich männliche und weibliche Embryos zunächst identisch. Zwischen der achten und zehnten Schwangerschaftswoche sorgt das Y-Chromosom für die Ausbildung der Hoden, in welchen wiederum das männliche Sexualhormon Testosteron gebildet wird. Es steuert die Ausbildung der männlichen Sexualorgane und verhindert die Entwicklung weiblicher Brüste. Zu diesem Zeitpunkt ist es aber schon zu spät, die Entstehung der Brustwarzen ganz zu verhindern. Sogar Reste von Milchdrüsengewebe sind unter den männlichen Brustwarzen zu finden. Die Brustwarzen des Mannes gehören, wie beispielsweise auch der Blinddarm, zu den rudimentären Organen des Menschen. In der Entwicklungsgeschichte des Menschen sind diese Organe infolge des Nichtgebrauchs über viele Generationen einfach verkümmert. Nach Ansicht einiger Evolutionsforscher beweisen die Brustwarzen des Mannes, dass in der Frühzeit des Menschen die Männer durchaus Anteil an der Ernährung der Nachkommen hatten und ebenfalls gestillt haben könnten.

Und als erogene Zone hatten Brustwarzen, egal ob bei Mann oder Frau, schon immer eine sinnvolle Funktion inne.

Warum gibt es in Passagiermaschinen *Schwimmwesten* statt Fallschirme?

Der Laie spekuliert:

Weil der Fallschirm bei einem Ausstieg in Flughöhe bei knapp 1000 km/h und minus 60 Grad Celsius leider nicht dafür sorgt, dass das Fleisch an den Knochen bleibt und man nicht tiefgefroren wird. Hinzu kommt der geringe Sauerstoffgehalt da oben, der ebenfalls wenig zur Lebenserhaltung beiträgt. Aber auch die wesentlich kostengünstigeren Schwimmwesten sind eher ein Beruhigungsmittel, als dass sie Leben retten. Oder hat jemand schon mal davon gehört, dass Passagiere bei einem Absturz überlebt hätten, weil sie eine Schwimmweste trugen;-)
Thomas R.

Also meines Wissens glücken die wenigsten aller Notwasserungen mit Passagiermaschinen, da die Maschinen für eine solche Notlandung nicht ausgerüstet sind (sie zerbrechen beim Aufsetzen bzw. überschlagen sich). Die Schwimmwesten sind demnach eigentlich nur psychologisch erklärbar, um den Passagieren Sicherheit zu vermitteln. In Wirklichkeit dienen sie wahrscheinlich mehr den Rettungskräften als weithin sichtbares Signal (weil leuchtend gelb), um die Toten zu bergen.
Hansi

Dann fände ich es besser, wenn für den Fall der Fälle unter den Sitzen kleine Teddybären verstaut wären, die würden wenigstens noch Trost spenden!
EspirtLibre

Süßes Bild: die Stewardess erklärt vor dem Flug das korrekte Notfallkuscheln mit den Teddys ;-)
Pauline

Stell mir grad vor, wie aus einer Boeing 747 um die 500 Leute gleichzeitig abspringen. Dürfte ein bisschen eng an den Notausgängen werden. Selbstverständlich hat jeder Fallschirmspringerfahrung oder vor dem Flug macht man eben noch einen Kurs ...
Anonymous

Der Experte klärt auf:
Pressestelle einer großen deutschen Fluggesellschaft

Ca. 80 Prozent aller Unfälle in der Luftfahrt ereignen sich beim Start oder bei der Landung. Da es viele Flughäfen in der Nähe von Gewässern gibt, sind die Flugzeuge mit Schwimmwesten anstelle von Fallschirmen ausgerüstet. Den Passagieren kann dadurch ein hohes Maß an Sicherheit gewährt werden. Abgesehen von diesem entscheidenden Argument wären Fallschirme auch viel zu platzintensiv. In eine unserer Boeing 737–800 passen 181 Passagiere, deren Schwimmwesten unter den Sitzen verstaut sind. Für 181 Fallschirme wäre wahrscheinlich ein Aufbau á la B 747 nötig.

Warum haben ***Kamikazepiloten*** einen Helm getragen?

Der Laie spekuliert:

War wohl genauso sinnlos wie die gesamte Kamikaze-Aktion.
Roman

Wäre ja so, als ob die aktuellen »modernen« Selbstmordattentäter, die sich selbst in die Luft sprengen, noch einen Bauarbeiterhelm und Knieschützer tragen würden.
Ernie

Vielleicht, falls das Ganze nicht klappt oder abgeblasen wird, dann mussten sie ja auch wieder heil nach Hause kommen.
Fred_B

Bloß weil das in einigen Filmen so war, muss das noch lange nicht stimmen. Die hatten meist nur ein rot-weißes Stirnband mit der aufgehenden Sonne um, wie auf der japanischen Flagge.
Gollum

Weil sie mit dem Kopf durch die Wand wollten.
Tenno

Der Experte klärt auf:
Wilfried Eck, Luftfahrtexperte

Es handelte sich nicht um einen Helm, sondern vielmehr um eine Lederhaube. Die Kamikazepiloten trugen sie vermutlich aus den gleichen Gründen wie andere Piloten auch, u. a.:

- weil darin ein Mikrophon eingebaut war, mit dem man Mitteilungen senden konnte
- weil es so üblich war
- als Lärmschutz
- wegen der Kälte in größerer Höhe.

Warum fallen *Vögel* nicht von den Bäumen, wenn sie schlafen?

Der Laie spekuliert:

Vögel fallen nicht vom Ast, wenn sie schlafen, da sie neben dem flüssigkeitsgefüllten Gleichgewichtsorgan im Ohr (welches wir auch besitzen) ein weiteres an der Wirbelsäule haben. Auch dieses ist flüssigkeitsgefüllt und löst bei Ungleichgewicht einen Reflex aus, der vor dem Herunterfallen von Ästen, Leitungen usw. schützt.
Mele

So ein Vogel ist also vollgestopft mit High-Tech-Apparaturen zur Positionsbestimmung ;-)
derda

Von wegen High-Tech! »Flüssigkeitsgefülltes Gleichgewichtsorgan« ist nix anderes als eine einfache Wasserwaage. Und davon sollen die Viecher zwei Stück unterm Federkleid implantiert haben? Is ja wie bei V-Die Außerirdischen.
die_da

Weil sie sonst auf dem Boden schlafen müssten und gefressen würden.
Nils K.

Die Expertin klärt auf:
Gila Schulz, Ornithologin, Augsburg

Anatomisch bedingt greifen die Zehen der Vögel durch einen raffinierten Sehnenmechanismus automatisch um den Ast, auf dem sie sitzen, sobald die Tiere ihre Beine anwinkeln. Eine Stabilisierung dieses Zustandes erreichen sie mit einer entsprechenden Gewichtsverlagerung, also ohne aktive Muskelleistung in den Beinen. Da Vögel selten tief schlafen, haben sie immer eine Kontrolle über ihr Gleichgewicht und verhindern somit ein Herunterfallen vom Baum.

Verklebt *Kaugummi* den Magen?

Der Laie spekuliert:

Wenn das stimmt, müsste mein Magen eine einzige klebrige Kaugummi-Halde sein. Ich hab schon so viel von den Dingern verschluckt, kann sie gar nicht zählen. Bin also der lebende Gegenbeweis.
BeTTina

... bis der Doc mit ernstem Gesicht vor dir steht und sagt: »Sie haben nur noch wenige Monate zu leben.«
jus

Quatsch, das ist ein absolutes Ammenmärchen, um Kindern Angst zu machen.
BieneMaja

Der Experte klärt auf:
Bernd Winser, Internist, Frankfurt am Main

Kaugummis werden zwar nicht verdaut, aber der Körper scheidet sie – wie andere unverdaulichen Dinge auch – einfach über den Darm wieder aus. Nach spätesten ein paar Tagen ist der Kaugummi also gar nicht mehr im Körper. Es ist also nicht schlimm, wenn man hin und wieder einen

Kaugummi verschluckt. In seltenen Fällen und nur, wenn große Mengen Kaugummi regelmäßig verschluckt werden, besteht die Gefahr, dass sich in den Windungen des Dickdarms ein Pfropfen aus Kaugummimasse bildet. Dann kann tatsächlich nur noch der Arzt weiterhelfen.

Bleibt die ***Kohlensäure*** länger im Sekt, wenn man einen Silberlöffel in den Flaschenhals steckt?

Der Laie spekuliert:

Vom chemischen Standpunkt aus müsste das Silber einfach oxidieren, also mit dem Sauerstoffanteil der Kohlensäure reagieren. Ergebnis: Die Kohlensäure ist genauso schnell raus wie vorher, aber Omas gutes Silberbesteck ist angelaufen.
Hannes W.

6, setzen, Hannes! Bei deiner Reaktion würde ja glatt hochgiftiges Kohlenmonoxid entstehen. Maximal könnte Silberoxid (Ag2O) mit Kohlenstoff (C) zu Silber und Kohlenstoffdioxid (CO_2) reagieren.
Theo Bunsen

Strebern wie dir haben wir früher auf dem Schulhof gezeigt, wie wir mit einer Reaktion Wärme erzeugen können: mit einer ordentlichen Backpfeife!
Hannes W.

Durch den Silberlöffel, der ja aus Metall besteht, wird die in der Flasche vorhandene Wärme vielleicht besser nach außen abgeleitet, bzw. wenn man die Flasche in den Kühlschrank stellt, die Kälte schneller in die Flasche. So hält sich das Sprudelwasser dann wahrscheinlich länger.
Knusi

Völlig unsinniger Ansatz – stattdessen einfach mal die Pulle gleich austrinken. Und wieder hat Alkoholkonsum eins der großen Probleme dieser Welt gelöst.
Geronimo

Der Experte klärt auf:
Studie von Geert Jan van Oldenborgh und Fernando L. J. Vos, Universität Leiden (NL)

In einem Experiment im Jahr 1995 wurde die Behauptung, ein (Silber-)Löffel im Flaschenhals einer Sektfalsche verbessere die Qualität des darin verbliebenen Getränks, von zwei niederländischen Wissenschaftlern durch eine Versuchsreihe mit Testpersonen widerlegt. Aus physikalisch-chemischer Sicht ist das Ergebnis nicht überraschend. Kohlensäure ist in Wasser gelöstes Gas (Kohlenstoffdioxid oder auch CO_2), welches unter Druck in das Getränk gepumpt wird oder durch natürliche Gärung in der Flasche entsteht (Flaschengärung). Wenn eine Flasche Mineralwasser oder Sekt geöffnet wird, kommt es zu einem Druckabfall und das CO_2 entweicht. Der Löffel im Flaschenhals hat darauf keinerlei Einfluss, da er genug Platz zum Entweichen des Gases lässt. Das Einzige, was einen Effekt erzielen kann, ist somit das luftdichte Verschließen der Flasche.

In welchen *Glascontainer* muss eine blaue Prosecco-Flasche?

Der Laie spekuliert:

Na das ist doch sonnenklar! Weißglas scheidet schon mal im Vorhinein aus, da weiß farbwissenschaftlich keine Farbe ist und somit nicht mit blau in einen Container gehört. Nun bleibt also noch die Wahl zwischen Grün und Braun. Grün ist zwar die Mischfarbe aus Blau und Gelb, aber man sollte sich nicht darauf verlassen, dass jemand eine gelbe Flasche hinterherwirft, so dass eine blaue Flasche beim Einschmelzen der grünen Scherben nur Unfug anrichten würde. Bei Braun, welches die unreinste Mischfarbe ist, kann man da gar nichts falsch machen. Demnach ist Braun der richtige Container. Oder warum fangen Braun und Blau beide mit B an?
Nils

Weiße Flaschen sind so eingeordnet, weil es NUR nichtfarbige Flaschen sein sollen! Grüne Flaschen-Container gibt es, weil die meisten Flaschen halt grün sind (vielleicht weil es dann schöner aussieht)! Und den braunen Container gibt es, weil es auch noch andersfarbige Flaschen gibt!! Da immer die Farbe braun entsteht, wenn man Flaschen verschiedener Farben zusammen schmelzen lässt!!!
Cya

Außer in deinem vernebelten Hirn entsteht nirgendwo auf der Welt einfach braun, wenn man irgendwelche anderen Farben zusammenmischt, auch nicht im Flaschencontainer. Müssten dann schon rote und grüne Flaschen sein.
Maxle

Sorry Jungs, aber auf meiner blauen Prosecco-Flasche steht, dass man die in den Grünglasbehälter werfen soll.
Nicolas Z.

Die Expertin klärt auf:
Sabine Thümler, Berliner Stadtreinigung (BSR)

Soweit für Glas eine Farbtrennung für Grün- und Braunglas vorhanden ist, gehören andersfarbige Gläser wie die angesprochen blaue Prosecco-Flasche in den Grünglasbehälter, da Grünglas die größte Farbtoleranz besitzt. Der Fehlfarbenanteil im Braunglas darf die 8-Prozentmarke nicht überschreiten. Lediglich grünes Glas lässt einen Fehlfarbenanteil von bis zu 15 Prozent zu. Ganz wichtig: nie farbiges Glas in den Weißglascontainer.

Bernd Rippchen, ALBA Group, Berlin, ergänzt:
Blaue Glascontainer gibt es übrigens aus zweierlei Gründen nicht: Zum einen ist blaues Glas relativ »jung« und wurde erst nach dem Aufstellen der heute bekannten und etablierten Glascontainer produziert. Zum anderen ist der Anteil an Blauglas so gering, dass eine extra Erfassung den logistischen Aufwand nicht rechtfertigen würde.

Warum sind *Tanklaster* rund und nicht eckig wie andere LKW?

Der Laie spekuliert:

Das ist Mathematik. Bei einer Extremwertaufgabe stellt sich heraus, dass ein Kreis (oder Kugel) die maximale Menge Inhalt bei minimalem Materialverbrauch des Gefäßes fassen kann. Das klappt besonders gut bei Flüssigkeiten und deshalb ist der Tanklaster rund.
Holger L.

Bei einem Unfall kann der runde Tank einfach wegrollen und wird nicht zerquetscht. Das wäre viel gefährlicher.
Bernie

Tanklaster sind rund, da sie sich besser abpumpen lassen. Wäre die Form eckig, würde sich überall auf dem Boden Flüssigkeit befinden. Ist die Form rund, sammeln sich die Flüssigkeitsreste in der Mitte als lange Rinne. Wenn diese Rinne noch ein Gefälle hat, läuft auch der letzte Rest zum tiefsten Punkt und dort kann man dann alles ganz easy abpumpen.
Anonymous

Dann könnte man aber auch eine Form wie ein auf den Kopf gestelltes Haus mit Spitzdach nehmen. Da läuft dann auch unten alles in einer Rinne zusammen.
Dan

Der Experte klärt auf:
Ullrich Tuhrmann, Tankstellenpächter, Berlin

Es gibt sowohl Tanklastwagen mit runden Tanks als auch solche mit kastenförmigen Tanks. Beides ist möglich. In den letzten Jahrzehnten setzt sich allerdings mehr und mehr die runde Form durch. Diese ist stabiler, da der Druck der Flüssigkeit sich gleichmäßig auf alle Punkte der Außenhülle verteilt. Zudem benötigt man weniger Material, um im Vergleich zu einer eckigen Variante das gleiche Tankvolumen zu ummanteln.

Besteht der *Leberkäse* aus Leber und Käse oder woher kommt die Bezeichnung?

Der Laie spekuliert:

Der Name Leberkäse kommt eigentlich aus dem Englischen. Es war das typische Essen, das Fabrikarbeiter in ihrer Tasche mitgenommen haben – daher Labour (für die Arbeit) und case (die Transporttasche). Eingedeutscht wurde daraus Leberkäse.
Ingrid

Leberkäse wird auf Lebern von toten Tieren gezüchtet. Ist sozusagen ein tierischer Edelschimmel. Und ihr Fleischfresser esst das auch noch genüsslich!
Bea

Und wieder eine dieser Vegetarier-Verschwörungstheorien. Leberkäse ist eine Wurstsorte wie jede andere auch. Da man sie zum Essen wie Käse in Scheiben schneidet, kommt der Käse im Namen vor. Dass die Engländer ihn erfunden haben, glaub ich nicht. Die hätten es wohl eher »Teewurst« genannt.
der_Bauer

Vielleicht ist in der Kruste vom Leberkäse ja tatsächlich Käse mit drin. Könnte ich mir gut vorstellen, ähnlich wie beim Gratin oder anderen Gerichten, die man mit Käse überbackt.
Anonymous

Der Experte klärt auf:
Sigmar Murzen, Fleischermeister, Bonn

Leberkäse besteht überwiegend aus Fleisch (Rind- oder Schweinefleisch). Käse wird man darin vergeblich suchen. Ein gewisser Anteil Leber muss aber tatsächlich enthalten sein. Eine Ausnahme gibt es nur beim Bayerischen Leberkäse – so bezeichnete Brühwurstsorten müssen keine Leber enthalten. Andere Varianten ohne Leberanteil bieten wir heutzutage auch unter dem Begriff »Fleischkäse« an. Die Bezeichnung als »Käse« leitet sich wohl von der üblichen äußeren Form ab, denn meist sieht der Leberkäse in der Auslage einem Laib Käse ähnlich.

Woher kommt die Bezeichnung »*Cockpit*«?

Der Laie spekuliert:

Der Hauptakteur in einem der ersten Pornos (noch in schwarz-weiß) hieß »Pit Cock«. Der Nachname resultierte aus der nicht ganz unbeachtlichen Größe seines besten Stücks. Mr Cock war in den Filmen ein smarter Pilot, der Stewardessen und weibliche Fluggäste gern in seine Pilotenkanzel einlud. An den zugezogenen Vorhang (damals gab es noch keine Türen) hing er dann ein Schild, auf dem der Name der Fluggesellschaft, sein Dienstrang und eben sein Name zu lesen war: »Mr Cock, Pit«. Spätere Piloten übernahmen das Image des potenten Frauenidols gern und nannten ihren Arbeitsplatz einfach »CockPit«.
Adi

Klar, kaum fällt hier der Begriff »Cock«, fühlen sich alle selbsternannten Pornoexperten wieder auf den Plan gerufen. Aber einen schmucken Piloten würd ich auch nicht von der Bettkante stoßen * frechgrins *
MarryPoppins

Is nich im Logo der Lufthansa so ne Art Hahn? Hahn engl. = cock, Pit-Stop beim Formel-1-Rennen ist der Boxenstopp, also ist das Cockpit, wo die Lufthansa-Piloten sitzen, deren »Hahnen-Box«!
Mikey_Kramer

Genau, ganz in der Logik dieser Theorie hat Schiller ja auch die »Hähne des Ibikus« geschrieben.
Lyra

Der Experte klärt auf:
Meinhold Karmann, Pilot, Frankfurt am Main

Wörtlich übersetzt aus dem Englischen heißt Cockpit »Hahnengrube«. Das bezeichnet die kleinen Grube, in der zwei Hähne bei Hahnenkämpfen vor dem johlenden Publikum aufeinandergehetzt wurden. Die vor allem zu Beginn der Fliegerei noch sehr beengten Steuerungsplätze für das Flugzeug wurden von den Piloten gern scherzhaft mit diesen kleinen Hahnenkampflöchern verglichen.

Warum hat man *Achselhaare*?

Der Laie spekuliert:

Bei den meisten sind das keine Haare, sondern Schweiß-Stalagtiten, die wegen mangelnder Hygiene aus den Achselhöhlen wachsen.
Hugooo

Um den Schweißgeruch auf größerer Fläche in der Luft zu verteilen. Es soll ja richtig animalische Instinkte in uns wecken, wenn wir den unverfälschten Körpergeruch eines potentiellen Geschlechtspartners in die Nase bekommen. In den Sechzigern/Siebzigern waren Achselhaare noch nicht so verpönt wie heute, und nicht ohne Grund war das die Zeit von freier Liebe und sexueller Freiheit.
Birthe

Der einzige Instinkt, den eine Frau mit Busch unter den Armen und ordentlich Schweißgeruch in mir weckt, ist der natürliche fluchtinSTINKT!
Leo

Haare unter den Armen sind bestimmt ein Überrest unseres Ganzkörperfells, das wir besaßen, als wir noch Affen waren.
louis_77

Ist genauso unnütz wie ein Blinddarm – schließlich überlebt man auch, wenn man sich die Dinger regelmäßig wegrasiert.
doyle

Der Expertin klärt auf:
Barbara Ammer, deutschsprachige Hyperhidrose-Community, www.schwitzfleck.at

Die Achselhaare haben die Bestimmung, den Schweiß aufzufangen und Reibung unter den Achselhöhlen zu vermindern. In der Pubertät wachsen die Achselhaare, die Schweißdrüsen beginnen einen eigenen Duftstoff zu produzieren und Schweiß abzusondern. Die Menge des Schwitzens hat nichts mit der Dichte oder Länge der Achselhaare zu tun. Wie viel man schwitzt, wird durch die Schweißdrüsen bestimmt. Es ist aber so, dass die Achselhöhlen warm und feucht sind und die Haare eine ideale Brutstätte und gute Lebensbedingungen für Bakterien bieten. Schweißgeruch kann dadurch schneller und intensiver entstehen. Stechender Achselhöhlenduft wird von den meisten Menschen als unangenehm empfunden. Eine regelmäßige Achselhaarentfernung ist nicht nur bei hohen sommerlichen Temperaturen empfehlenswert, sondern hat auch hygienische Vorteile. Die schweißzersetzenden Bakterien finden eine geringere Angriffsfläche vor. Auch ist das Auftragen eines Deos bei rasierten Achselhöhlen effektiver.

Warum sieht man auf *Fotos* und Videos immer so hässlich aus?

Der Laie spekuliert:

Ganz einfach. Es liegt daran, dass auf einem Foto oder Fernsehbild die dritte Dimension, die Tiefe, fehlt. Und da dieser Anblick ungewohnt ist, sieht er scheiße aus.
Dr. Allwissend

Weil man da endlich die ganze Wahrheit mal selber sieht. Viele haben ja sonst was von Vorstellungen, wie sie auf andere wirken.
Trine

Unbewusst vergleichen wir unsere Fotos und Videos mit solchen, die wir sonst sehen bzw. die uns sonst imponieren. Das sind meist Hochglanz-Fotos, z. B. aus der Werbung mit schönen Models oder Videos bzw. Filme mit gut aussehenden Schauspielern. Unsere eigenen »normalen« Bilder wirken dagegen blass und ohne Glamour. Wenn wir vorher auch von einem Stylistenteam aufgehübscht werden würden und danach Fotos oder Videos machen, wäre das Ergebnis sicher mehr Zufriedenheit statt der Enttäuschung.
Ella

Für was gibt es Photoshop?
lena

Ich finde, die pauschal in der Frage enthaltene Behauptung stimmt so nicht. Es kommt immer auf die innere Einstellung des Einzelnen drauf an.
melli_p

... oder auf sein äußeres Erscheinungsbild eben.
Jaga

Der Experte klärt auf:
Dr. Martin Gründl, www.beautycheck.de, Regensburg

Die Wurzel allen Übels liegt in der Asymmetrie des Gesichts, also darin, dass jeder Mensch zwei unterschiedliche Gesichthälften hat. Das, was wir im Allgemeinen für unser reales Abbild halten, ist ja eigentlich unser Spiegelbild (wo sonst sehen wir uns ständig?). Im Spiegel sind die Gesichtshälften vertauscht. Auf Fotos sehen wir uns aber so, wie alle anderen uns immer sehen, und das kommt uns dann komisch und seltsam vor! Und was dem Menschen ungewohnt ist, das mag er nicht!
Sie können es überprüfen, indem Sie sich mit einer Person, die Sie sehr gut kennen, z. B. Partner(in), gemeinsam vor den Spiegel stellen. Sie sehen Ihren Partner dann spiegelverkehrt. Ihrem Partner wird sein Spiegelbild ganz normal vorkommen, denn er ist sein Gesicht so gewohnt. Ihnen wird es aber komisch erscheinen, weil alle Abweichungen von der Symmetrie nun auf der »falschen« Seite sind. Ähnlich wird Ihr Partner über Ihr Spiegelbild urteilen.

Wenn nichts an *Teflon* haftet, wie haftet dann die Pfanne daran?

Der Laie spekuliert:

...die meisten Erklärungen erscheinen mir viel zu technisch. Ich glaube, dass da viel Gefühl mit im Spiel ist und würde von Affinität sprechen: Teflon lässt nichts anbrennen, aber tief im Innern fährt es nur auf wirklich metallische Typen ab. Essen dagegen wird nur »heiß« gemacht und dann einfach abgestoßen. Die Verbindung von Teflon mit der Pfanne seiner Wahl soll ein Leben lang halten, obwohl sie Außenstehenden oft oberflächlich erscheint, es gehen aber Gerüchte um, dass auch solche engen Beziehungen Kratzer abbekommen können, dann soll oft sogar ein Messer im Spiel sein ...
Ivonne

Wollt grad sagen – sooo fest kann die Haftung zwischen Teflon und Pfanne ja nicht sein. Da reicht meist ein Löffel aus Metall oder eine Gabel, mit der man beim Kochen in der Pfanne rumgerührt hat, und das Ergebnis sind tiefe Kratzer in der Teflon-Oberfläche.
Küchenmutti

Blödsinnige Frage. Wer sagt denn, dass nichts an Teflon haftet? Und wer definiert jetzt mal den Begriff haften! Also hier sind dann doch tiefere Einblicke in Materialkunde

und Chemie gefragt. Aber kurz: Die Behauptung stimmt nicht!
Beagel

Meine ich auch – lass mal das Essen bis zur Verkohlung anbraten, da kriegst du die Pfanne auch bei Teflon kaum wieder richtig sauber.
Walt

Der Experte klärt auf:
Wanja Andreas, Diplom-Chemiker, Heilbronn

Teflon ist nur ein Markenname der Firma DuPont. Die richtige Bezeichnung für den als Teflon bekannten Werkstoff ist PTFE (Poly Tetra-Flour-Ethylen). PTFE ist stabil bis zu einer Temperatur von ca. 250 Grad Celsius, spezielle Varianten bis 300 Grad. Die Aluminiumpfanne wird zunächst sandgestrahlt, dann kommt ein Teflon-Primer drauf. Diese Grundierung ist extrem dünnflüssig, damit sie tief in die mikroskopischen Kratzer eindringen kann, die beim Sandstrahlen entstehen. Die so behandelte Oberfläche wird hocherhitzt, damit das Teflon fest wird und sich so mechanisch mit der Oberfläche verzahnt. Als Nächstes wird die dickere Teflon-Versiegelung draufgesprüht und alles noch einmal erhitzt. Dabei verschmelzen der Teflon-Primer und die Teflon-Versiegelung und man hat eine gute Haftung und eine ausreichend dicke Teflon-Beschichtung.

Ist das *Vorheizen* von Backöfen wirklich sinnvoll?

Der Laie spekuliert:

Als die Öfen noch mit Kohle und Holz betrieben wurden, war das sicherlich sinnvoll, weil es ein Weilchen gedauert hat, auf die richtige Temperatur zu kommen.
dora

Aus Sicht der Energiekonzerne ganz bestimmt – mit jeder Vorheizminute purzeln die Cents auf deren Konten. Damit das so bleibt, paktieren sie zusammen mit den Nahrungsmittelkonzernen gegen uns Verbraucher und lassen weiter schön auf alle Verpackungen draufschreiben: »Zunächst Backofen auf XY Grad vorheizen«. Die Regierung schaut wie immer einfach zu und lässt »ihre« Bürger im Regen bzw. vor dem im Leerlauf betriebenen Backofen stehen.
BürgerBoris

Wenn es Winter ist und die Küche kalt, macht es auf alle Fälle Sinn. Am besten mit geöffneter Ofentür ;-)
Xaver

Der Experte klärt auf:
Ludwig Vogler, Kochbuch-Autor, Mainz

Bei den meisten Gerichten ist das Vorheizen des Backofens völlig unnötig und reine Energieverschwendung. Fertignahrung, wie etwa Pizza, Auflauf und TK-Fisch, gelingt auch ohne Vorheizen! Der Grund, warum die Hersteller von Fertiggerichten und die Autoren von Rezepten die Backzeit im vorgeheizten Backofen angeben, ist ein anderer: Die Backöfen in deutschen Küchen kommen von verschiedenen Herstellern und diese haben noch unterschiedlichere Modelle. Darum ist auch die Heizleistung von Backöfen unterschiedlich und es braucht verschieden lange, bis die gewünschte Temperatur im Backofen erreicht ist. Aus diesem Grund können die Lebensmittel-Hersteller keine einheitliche Backzeit angeben. Braucht ein Ofen länger, um auf Betriebstemperatur zu kommen, ist auch die Backzeit länger und umgekehrt. Wer auf das Vorheizen verzichtet, kann eine Menge Energie sparen. Und wer den Ofen zwei bis fünf
Minuten vor Ende der Backzeit ausschaltet, kann noch mehr Energie sparen. Denn ein geschlossener Backofen hält die Hitze für einige Zeit. Allerdings muss man dann mehr nach Gefühl backen oder die Pizza nach dem Bräunungsgrad beurteilen, bevor sie auf den Tisch kommt.

Ist das *Pinkeln* im Sitzen für Männer ungesund?

Der Laie spekuliert:

Mindestens für die Psyche! Es ist völlig entwürdigend, wenn du als Mann, der nun mal kraft Natur der Sache im Stehen pinkeln kannst, dich wie eine Frau hinsetzen sollst.
Kalle

Wow, du definierst dich und deine Männlichkeit über die Körperhaltung beim Wasserlassen. Es lebe der Mann, die Krone der Schöpfung.
Lisa_Bln

So ne bescheuerte Frage kann ja nur von einem Mann kommen, oder?
Nele

Pinkeln im Stehen – ist auf alle Fälle ungesund für die Millionen von Frauen, die dann tief gebückt oder auf den Knien diese kleinen gelben Spritzer von den Kacheln entfernen müssen.
Karla – Hausfrau aus Bonn

Geil – Frauen knechten per Wasserstrahl!
Ben

Ja, eindeutig ungesund wegen der ganzen Bakterien in der Kloschüssel. Zumindest wenn man auch sonst XXL-Kondome braucht.
Guido

An alle Männer: Glaubt nicht jedem Klospruch an der Wand! »In diesem Klo da sitzt ein Geist, der jedem in die Eier beißt« ist ein Scherz und kein offizieller Warnhinweis des Bundesgesundheitsministers!
Adele

Wenn man die Hose dabei anbehält, bestimmt. Ständige Nässe im Schritt führt auf Dauer zu hässlichen wunden Stellen und Intimkäse.
Meller

Der Experte klärt auf:
Prof. Dr. Kurt Miller, Direktor der Klinik für Urologie an der Charité Berlin

Klipp und klar: Pinkeln im Sitzen ist nicht ungesund und die Blase kann sich vollständig entleeren.

Bekommt man am *Toten Meer* keinen Sonnenbrand?

Der Laie spekuliert:

Nee, is man wohl eher tot als verbrannt.
huey

Ich habe mal gehört, dass die hohe Salzkonzentration im Wasser und in der Luft eine Art Schutzschicht auf der Haut entstehen lässt. Diese Salzkruste verhindert dann, dass die Sonne drankommt. Diese weiße Schicht soll man auch richtig sehen können.
Amelia

Da musst du dich aber verhört haben. Bin in meinem Urlaub am Toten Meer trotz angeblicher Salzkruste ordentlich braun geworden. Ehrlich gesagt sahen alle anderen dort auch nicht aus wie Ku-Kux-Klan-Mitglieder in Kutten aus Salz.
Bodo

Wahrscheinlich haben die Israelis auch diesen Bereich so hermetisch abgeriegelt, dass selbst die UV-Strahlen nicht mehr reinkommen ;-)
Andreas

Die Expertin klärt auf:
Irmgard Jahn, DMZ Medical Center, Lot Spa Hotel am Toten Meer, Israel

Bei entsprechend langer Sonneneinstrahlung kann man auch am Toten Meer einen Sonnenbrand bekommen! Aufgrund der Hitze und der tiefen Lage (das Tote Meer liegt ca. 420 Meter unter dem Meeresspiegel) kommt es zu einer starken Verdunstung des Wassers und der Bildung einer permanenten Dunstglocke über dem Wasserspiegel, die die Sonnenbrand verursachende UV-B Strahlung sowie die UV-A Strahlung reduziert. Dadurch kann die Verweildauer in der Sonne deutlich erhöht werden. Nichtsdestotrotz – bei zu ausgedehnten Sonnenbädern ohne ausreichenden Schutzfaktor kann man auch am Toten Meer einen heftigen Sonnenbrand bekommen!

Warum kann man sich nicht selber *kitzeln*?

Der Laie spekuliert:

Da der Mensch beim Kitzeln meist unkontrolliert zusammenzuckt oder sich gleich in die Hose macht. Es wäre im Alltag einfach unpraktisch, wenn man bei jeder (zufälligen) Selbstberührung an kitzligen Stellen sofort so reagieren würde.
Wanda

Das ist wie bei der Masturbation: wenn man es sich zu oft selber macht, werden die Finger krumm. Damit das nicht beim Kitzeln auch passiert, funktioniert Selberkitzeln nicht.
MoralaPostel

Und warum heißt der Lustpunkt der Frau dann »Kitzler«?! Ich hab jedenfalls noch keine krummen Finger davon bekommen!
Lea

Man weiß ja, dass man es selber ist, da fehlt der Überraschungseffekt. Der gehört aber zum Kitzeln dazu. Bei einem anderen kann man nie voraussehen, was als Nächstes kommt, ob er aufhört, weitermacht, an welcher Stelle er

weiterkitzelt usw. Genau diese Unwissenheit erzeugt den besonderen Reiz des Kitzelns.
hänschen_klein

Die Expertin klärt auf:
Sarah-Jayne Blakemore, University College London

Die Neurologin Sarah-Jayne Blakmore untersuchte Hirnreaktionen von Probanden, die einmal von einer Maschine gekitzelt wurden und sich dann selbst kitzeln sollten. Bei diesem Experiment kam heraus, dass es den Versuchsteilnehmern nicht möglich war, den Kitzelreiz der Maschine zu unterdrücken, selbst, wenn sie vorher davon wussten. Beim Selbstkitzeln unterdrückt jedoch das Kleinhirn die entsprechenden Empfindungen.
Die Wissenschaftlerin erklärt den Unterschied damit, dass das Gehirn im Laufe der Evolution gelernt hat, zwischen äußeren und selbst verursachten Reizen zu unterscheiden und dabei die Wahrnehmung der selbst erzeugten weitgehend auszufiltern bzw. abzuschwächen. Anderenfalls käme es zu einer ständigen Reizüberflutung, wenn wir selbst aktiv sind. Wer sich selbst kitzelt, kennt bereits die sensorischen Konsequenzen dieser Handlung, das Hirn kann vorhersagen, was passiert – es ist keine Fokussierung auf diesen Reiz erforderlich. Beim Fremdkitzeln fehlt dagegen diese Gewissheit und dementsprechend werden die zugehörigen Reize stärker wahrgenommen, um gegebenenfalls reagieren zu können.

Beichtet der *Papst*?

Der Laie spekuliert:

Ja, natürlich beichtet auch der Papst. Problem ist nur, dass er meist nichts zu beichten hat :)
Jony

Bei den ganzen Verfehlungen seiner Bischöfe und anderen Priester, die in letzter Zeit bekannt geworden sind, wäre das sehr wohl eine lange Beichte.
Klara

Klar, aber das nennt sich dann Selbstgespräch ;-)
Ernstl

Selbstverständlich, und zwar direkt beim Chef. Der Papst hat ein himmelblaues Telefon in seinem Büro und wählt einfach die 0700 – GOTT
Chrissi

Wenn Gottes Stellvertreter auf Erden Grund zur Beichte hätte, also Sünden begangen, dann hieße das, dass auch Gott sündigen würde. Gem. § 164 BGB muss sich nämlich der Vertretene die Handlungen seines Vertreters als eigene zurechnen lassen. Beim derzeitigen Papst sollte Gott sich schon mal einen guten Anwalt suchen.
Der Palandt

Der Experte klärt auf:
Georg Kardinal Sterzinsky (†), ehem. Erzbischof von Berlin

Der Papst beichtet bei seinem Beichtvater, und zwar sehr regelmäßig. Er erforscht sein Gewissen, so wie es jeder Christ tun sollte, bekennt in der Beichte vor Gott seine Sünden und erbittet die Lossprechung. Einer Unfehlbarkeit erfreut sich der Papst nur in festen, genau umschriebenen Entscheidungen. Das Erste vatikanische Konzil hat diese 1870 genau bestimmt: nur wenn der Papst »ex cathedra«, d.h. als oberster Lehrer der Kirche, über Fragen des Glaubens und der Moral entscheidet.

Gibt es im *Gefängnis* Fluchtwege?

Der Laie spekuliert:

Hallo, also es gibt zwei Varianten. Zum einen die offizielle Hausordnung, die besagt: »Bei Feueralarm auf der jeweiligen Station sammeln und mit dem zuständigen Beamten geschlossen auf den Hof gehen und eventuelle Evakuierungsmaßnahmen abwarten«. Meist wird es aber wegen Personalmangels wie folgt gehandhabt: Alle Insassen werden in ihren Zellen unter Verschluss genommen und angewiesen, Ruhe zu bewahren und die Fenster geschlossen zu halten. Es scheint jetzt sicher etwas kurios zu klingen, aber das ist die hiesige Realität. Wir werden nicht wie normale Menschen behandelt, die einen gesetzlichen Fehltritt in ihrem Leben hatten, aber weiter ein Recht auf körperliche Unversehrtheit besitzen. Ich kann nur hoffen, dass es niemals zu solch einem Zwischenfall kommt.
Mit vergitterten Grüßen, ein Gefangener aus der JVA

Pech gehabt! Da werden die Gefangenen dann halt doppelt bestraft.
MichiBecks

Du Zyniker!
Conny

Na ja, so viel ist ja im Knast nicht, das brennen kann. Keine Teppiche, dafür viel Sichtbeton und Gitterstäbe. Vielleicht stellt sich das Problem dann nicht so akut, und alle können einfach in ihren Zellen bleiben.
Grindi

Der Experte klärt auf:
Jürgen Schaar, Fachbereichsleiter Sicherheit, Bau, Beschäftigung der Justizvollzugsanstalt Bremen

Die höchste Priorität im Fall eines Brandes in einer Justizvollzugsanstalt hat – wie auch in allen anderen Bereichen – die Menschenrettung. Problematisch ist natürlich, dass die Gefangenen sich nicht frei bewegen können. Daher gibt es für jede Justizvollzugsanstalt Brandschutz- und Alarmpläne, die aufgrund der baulichen Gegebenheiten unterschiedlich sein können. Die baulichen Unterschiede liegen darin, dass z. B. die Hafträume in neueren Anstalten so gebaut worden sind, dass sie 90 Minuten einem Brand widerstehen, in anderen Anstalten sind die Hafträume hinsichtlich Brände überwacht etc. In der Regel ist in den Alarmplänen festgelegt, wer was zu tun hat und wie welcher (Haft-)Bereich und wohin geräumt wird. Ebenso ist geregelt, wie die Feuerwehr zu begleiten ist und wer den Einsatzleiter vor Ort einweist. Das Einzige, was in einer JVA nicht gekennzeichnet ist, sind »Fluchtwege«. Diese werden hier Rettungswege genannt und von Anstaltspersonal überwacht.

Warum gibt es ***Stau*** ohne Unfall oder Sperrung – sozusagen aus dem Nichts?

Der Laie spekuliert:

Na, weil der Erste aussteigt, um zu gucken, welche Trottel ihm die ganze Zeit hinterherfahren, ohne zu überholen. ;-)
Joey

Weil die Autoschlange in ihrer Einzigartigkeit das »A...loch« am Anfang hat.
Bluefirecrow

Weil Frauen einfach nicht Autofahren können und alle anderen hinter ihnen damit blockieren!
Matze aus Köln

Im Wagen vor mir fährt ein junges Mädchen
Sie fährt allein und sie scheint hübsch zu sein.
Ich träum so in Gedanken, ganz allein und ohne Schranken
Und wünsch, das schöne Mädchen wär bei mir ...
Henry

Jetzt wisst ihr, wo das Problem liegt ...
Uschi

Eh Mann, das sind nicht die Tussen, das sind voll die viele Oppas auf der linken Überholspur, die da ewig lang kriechen. Nen paar von denen spielen sich dann noch als Verkehrserzieher auf und wollen dich zum Bremsen zwingen und so.
Conny

Oder wegen Rasern wie dir, die mit gesetztem Blinker und Lichthupe im tiefer gelegten GTI links drängeln und dann Unfälle provozieren!
Vreni

GTI? Eh Alter. Das geht gar nicht!
Conny

Der Experte klärt auf:
Prof. Dr. Michael Schreckenberg, Universität Duisburg-Essen

Der Eindruck eines »Staus aus dem Nichts« entsteht immer dann, wenn man in einen Stau hineinfährt und dieser keine erkennbare Ursache hat. In der Realität hat aber jeder Stau seine Ursache. Da sich Stauwellen mit ca. 15 km/h entgegen der Fahrtrichtung bewegen und bei genügend Zufluss am Stauende auch eine Lebenszeit von über einer Stunde haben können, bewegen sie sich als eigenständige »Objekte« rückwärts über Autobahnen. Die meisten Staus (ca. 70 Prozent) entstehen durch schiere Überlastung, der Rest durch Unfälle, Baustellen und widrige Wetterbedingungen. Die Überlastungsstaus funktionieren immer nach dem

gleichen Schema: An Anschlussstellen oder vor Steigungen wird die Dichte plötzlich größer, und es entsteht zähfließender (»synchronisierter«) Verkehr mit 10–30 km/h. Wenn in diesem Bereich ein Fahrzeug stehen bleibt und die nachfolgenden wegen diesem (auch nur kurz) anhalten müssen, bildet sich eine Stauwelle, die nach hinten »abfließt«. Es sind also immer Einzelne, die Stauwellen auslösen. Zudem denken Autofahrer nur nach vorne, und Stauwellen, die sie selbst verursacht haben, betreffen sie ja nicht mehr. Die Ameisen machen es da deutlich besser: Sie werden schneller, wenn ein Stau droht und laufen ihm so davon.
Immerhin stehen alle Deutschen zusammengenommen pro Jahr ca. 535 000 Jahre im Stau!

Warum heißt der *Q-tip* eigentlich Q-tip?

Der Laie spekuliert:

Q-tip ist eine Wattestäbchen-Marke. Es muss sich so wie bei den Tempos eingebürgert haben, dass kaum einer Wattestäbchen sagt.
Alica

Das Q sieht aus wie ein Ohr mit dranhängendem Ohrläppchen oder Ohrring. Genau wie der Ort also, für den die Wattestäbchen bestimmt sind.
Otto_HH

Vielleicht, weil die genialen kleinen Dinger von »Q«, dem Meisteringenieur aus den James Bond-Filmen erfunden wurden. Man kann damit nämlich wesentlich mehr anstellen, als nur Ohrenschmalz aus der Tiefe fördern: Q-tips können Fenster offen halten, als Mini-Fackeln dienen, Spuren sichern oder, mit voller Wucht in die Nasenlöcher des Gegners katapultiert, sogar zur tödlichen Waffe mutieren. Damit waren sie Q's Tip an Mr Bond für alle brenzligen Situationen.
MoneyPenny

@MoneyPenny: hätte ich Ihre Phantasien gekannt, wären wir vielleicht doch noch ein Paar geworden …
Bond, J.

Der Experte klärt auf:
Auf der Q-tips Webseite www.qtips.com findet sich folgende Info:

Nachdem Leo Gerstenzang 1923 seine Frau dabei beobachtet hatte, wie sie einen Bausch aus Baumwolle um einen Zahnstocher wickelte, kam er auf die Idee, einen gebrauchsfertigen Baumwolltupfer herzustellen. Er gründete die Firma Leo Gerstenzang Infant Novelty Co., ein Unternehmen zur Vermarktung von Zubehör für die Babypflege. Das Produkt hieß ursprünglich »Baby Gays« und wurde schließlich 1926 in »Q-tips Baby Gays« umgenannt. Später wurde die Bezeichnung »Baby Gays« weggelassen und »Q-tips« wurde ein Markenname für Wattestäbchen. Das »Q« in »Q-tips« steht für Qualität, und das Wort »tips« beschreibt den Wattebausch am Ende des Stäbchens.

Warum sieht *Wasser* blau aus, auch wenn es das gar nicht ist?

Der Laie spekuliert:

Das Wasser erscheint deshalb blau, weil sich der Himmel darin spiegelt.
Jenny

Die Theorie mit der Himmelsspiegelung kann so nicht stimmen: wenn's grau oder wolkig ist, wird das Meer ja auch nicht plötzlich durchsichtig oder schwarz?!
Jürgen K.

Wahrscheinlich machen die Nixen die ganze Zeit Party und alle sind blau ;-)
Jens

Wenn Wasser nicht blau wäre, könnte man es ja gar nicht malen. »Durchsichtig« ist so eine schwierige Farbe.
Juliane_1988

Wassermoleküle und Lichtstrahlen reagieren nur sehr schwach miteinander. Darum erscheinen geringe Wassermengen – wie Tropfen oder Pfützen – farblos. Ein offenes Meer ist hingegen blauer als ein Küstengewässer. Das liegt daran, dass mitten in den Ozeanen kaum gelöste Stoffe und Partikel schwimmen. In Küstennähe treten die Wasserver-

schmutzungen häufiger auf und verändern je nach Art des Zusatzes die Farbe des Wassers. So färben die chlorophyllhaltigen Organismen des Phytoplanktons das Wasser grün. Treten Algen in großer Menge auf, wird das Wasser grünlich-braun, wie etwa an der Nord- und Ostsee. Gletscherflüsse weisen häufig eine milchig-weiße Färbung auf, die von fein zerriebenem Gesteinsmaterial herrührt. Bestimmte Blaualgen oder gelöstes Eisen sind hingegen für Rotfärbungen verantwortlich. Sand- und Tonpartikel färben das Wasser ockerfarben, so etwa das Gelbe Meer vor China.
daniel d.

Der Experte klärt auf:
Michael Wendich, Diplom-Physiker, Berlin

Licht besteht aus verschiedenen Farbanteilen, was man besonders gut bei einem Regenbogen sehen kann. Die Wasserteilchen absorbieren vor allem die Rot- und Grünanteile des Lichts, reflektieren jedoch die Blautöne. Je länger der Weg des Lichts durch Wasser ist, desto intensiver ist dieser Effekt. Deshalb kann man ihn im Wasserglas mit bloßem Auge nicht wahrnehmen, im offenen Meer z. B. dagegen schon.

Sind *Zebras* weiß mit schwarzen Streifen oder schwarz mit weißen Streifen?

Der Laie spekuliert:

Bei Zebrastreifen auf der Straße werden die weißen Streifen jedenfalls auf den schwarzen Asphalt gemalt. Die sind also schwarz mit weißen Streifen.
Loyo

Sie sind halt schwarz-weiß gestreift. Man nennt das Schwarze gewöhnlich zuerst, z.B. auch beim Schwarz-Weiß-Fernsehen.
Pablo

Eigentlich kommt das ja auf die Haut darunter an. Glaube aber, dass die weder schwarz noch weiß ist, sondern eher wie bei allen Tieren eher rosa. Damit sind Zebras rosa mit schwarz-weißen Streifen.
Trine

Die Expertin klärt auf:
Karin Herczog, Presse-/Öffentlichkeitsarbeit der Wilhelma, Stuttgart

Die Antwort auf diese Frage ist eigentlich nur teilweise zoologisch zu beantworten. Denn sie hat vor allem mit unserer

Wahrnehmung und unserem Sprachgebrauch zu tun. So heißt »weiß mit schwarzen Streifen« bzw. »schwarz auf weiß« für uns Menschen gewohnheitsgemäß, dass die größere Fläche oder Grundfläche weiß ist und etwas in Schwarz z. B. darüber gemalt oder geschrieben wird. Wie bei schwarzen Buchstaben oder Strichen auf weißem Papier. Bei »weiß auf schwarz« oder »schwarz mit weißen Streifen« ist es somit genau umgekehrt. Bei Zebras ist das nun aber etwas anders, denn sie wurden vom lieben Gott ja nicht angemalt. Allerdings haben sie unter ihren weißen und schwarzen Haaren eine schwarze Haut. Theoretisch könnte man das als »Grundfarbe« bezeichnen, da die Haare auf diesem schwarzen (Haut-)Grund wachsen. Dann wäre »weiß auf schwarz« bzw. »schwarz mit weißen Streifen« quasi richtig. Aber eigentlich stimmt das auch wieder nicht, denn es müsste dann ganz korrekt »schwarz und weiß auf schwarz« oder schwarz mit weißen und schwarzen Streifen heißen, denn die schwarzen und weißen Haare wachsen ja beide auf der schwarzen Haut und bilden gemeinsam das sichtbare Streifenmuster. Nach unserer Definition oben neigen wir jedoch dazu, auch Zebras als weiß mit schwarzen Streifen zu bezeichnen, wenn der gesichtete Weißanteil im Fell größer erscheint. Und umgekehrt. Meist dominieren in der Tat aber die weißen Flächen im Zebrafell. (Ein Eisbär hat übrigens auch schwarze Haut. Aber keiner sagt, er sei weiß auf schwarz gefärbt.)

Wie gingen die *Ritter* eigentlich aufs Klo, wenn sie ihre Rüstung anhatten?

Der Laie spekuliert:

Musste der Ritter pieseln, ließ er's halt herunterrieseln. Hat er sein Visier nicht offen, ist der arme Kerl ersoffen …
Axel

Haben's vielleicht einfach laufen lassen?
Bruno

Dann wäre ihnen aber auf Dauer die Rüstung weggerostet!
schrauber

Und die Haut abgefallen – Urin kann ziemlich aggressiv sein (enthält u. a. Ammoniak).
Birte

Die hatten vielleicht vorn und hinten eine Klappe zum Entleeren. Das Prinzip hat sich ja bis heute erhalten – bei den Lederhosenträgern in Bayern und anderswo.
Sepp

Vielleicht wurden sie ja mit einem Kran oder so was Ähnlichem auf's Töpfchen gehoben und danach wieder runter. Nur blöd, wenn es während einer Schlacht drückte, dann ging's wahrscheinlich doch direkt in die Rüstung.
Sabine

Der Experte klärt auf:
Bernolph Freiherr v. Gemmingen-Guttenberg, Burg Guttenberg, Haßmersheim-Neckarmühlbach

Die meisten Rüstungen musste man nicht ablegen, um den Donnerbalken zu besteigen, da sie hinten frei sind. Ob ein Kampf deshalb unterbrochen werden musste, ist eher unwahrscheinlich, hängt aber von der Dringlichkeit ab. Wahrscheinlich erledigten die Ritter ihr Geschäft vor dem Kampf oder machten sich beim Anblick des Feindes in die Hosen.

Warum sind einige *Orangen* einer Palette oft in Papier eingewickelt?

Der Laie spekuliert:

Na ganz klar … die, die eingewickelt sind, haben Husten oder so, und damit sie wieder gesund werden, haben sie ne Jacke an.
Tobias

Dient einzig und allein der Qualitätskontrolle: Der Vorarbeiter in der Verpackungsfabrik kontrolliert jede einzelne Kiste auf deren Füllung und Qualität. Damit er bei den vielen Kisten zum Schluss noch weiß, welche er schon kontrolliert hat, legt er in die schon kontrollierten Kisten jeweils eine einzelne, verpackte Frucht rein.
Chrigu

Dann sind die Papierchen also Anti-Demenz-Blättchen? ;-)
gerdi

Das ist jeweils die traditionalistisch-fundamentalistische Orange in der Kiste, die geniert sich, von den Kunden nackt gesehen zu werden.
Andi

Dies hat hygienische Gründe. Da alte Omas dazu neigen, alles, was im Regal liegt, mit ihren Batsche-Händchen an-

zufassen, um zu sehen, ob das auch wirklich Orangen sind (so wie's auf dem Preisschild steht), und man nicht davon ausgehen kann, dass sich jeder dreimal am Tag die Hände desinfiziert, packt man die Orangen etc. in süße kleine Verpackungen.
TIVI

Der Experte klärt auf:
Dr. Dirik von Oettingen, Das OrangenpaPIermuseUM
www.opiummuseum.de

Im Jahre 1878 zum Patent angemeldet, spielten Orangenpapierchen zum Schutz der Früchte vor Stößen und Feuchtigkeit beim Transport und vor gegenseitiger Ansteckung mit Fäulnis von Anfang an eine wichtige Rolle. Dies war zunächst ihr einziger Sinn und Zweck, bevor sie dann allerdings sehr bald als Träger für Reklame entdeckt wurden. Flugzeuge, Lkws, Schnellbahnen und ein vielfach mechanisierter Umschlag ermöglichen heute einen unvergleichlich schnelleren und schonenderen Transport. Kühleinrichtungen aller Art und natürlich die chemische Behandlung ihrer Oberfläche bremsen die Fäulnis der Orangen. Die Funktion »Schutz« ist deshalb heute mehr oder weniger entfallen. Orangenpapierchen aber sind geblieben. Sie haben sich gemausert zu einem Medium der Verbraucherwerbung und der Selbstdarstellung der Erzeuger und Händler. Teilweise haben sie Markencharakter angenommen.

Können ausgeschaltete *Handys* geortet werden?

Der Laie spekuliert:

NEIN dass sieht man ja in (fast jedem) Tatort, dass Handys nur geortet werden können, wenn sie an sind ...
MegaMax

CIA, BND, Mossad und alle anderen haben von den Herstellern sicherlich haufenweise Hintertüren eingebaut bekommen, um an fremden Handys zu manipulieren. Wenn ich mein Handy ausschalte, ist es jedenfalls nicht ganz tot, ist ja auch immer noch unter Strom.
Benny

Wenn man eine anonyme Pre-Paid-Karte verwendet und diese häufig wechselt, kann das Handy zwar jeweils geortet werden, aber danach hat es ja wieder eine andere Nummer.
Murat T.

Schon mal dran gedacht, dass das Handy seine IMEI-Nummer mitsendet? Muss man also beim Suchen in den Netzen nur immer gucken, wann die gleiche IMEI auftaucht. Zusätzlich zu deinem Tip müsste man also sicherheitshalber auch ständig das Handy wechseln.
Steffen

Kann man doch mit einem Selbstversuch leicht selbst rauskriegen. Einfach mal bei der Polizei oder BND anrufen, irgendetwas Wirres von Bombe, Attentat und religiösen Gründen reden und dann Handy ausschalten. Warten. Schauen, ob alles heil bleibt oder die Wohnung bei der eigenen Festnahme vom SEK zerlegt wird. Wer traut sich?
Mirko

Der Experte klärt auf:
Karsten Spacke, Detektiv, Hamburg

Im Prinzip ist das durchaus möglich. Denn moderne Handys sind bei der Betätigung des Hauptgeräteschalters keineswegs ganz ausgeschaltet. Beispielsweise kann man bei vielen modernen Handys den Wecker aktivieren, der auch dann noch funktioniert, wenn sich das Gerät im ausgeschalteten Betriebszustand befindet. Die nur scheinbar ausgeschalteten Handys sind technisch durchaus in der Lage, z. B. als Wanze zu dienen und Gespräche in ihrer Umgebung abzuhören. Allerdings, so behaupten Gerätehersteller und Netzbetreiber, muss auf dem Gerät zuvor eine entsprechende Software installiert werden. Sonst würde das Gerät beim Senden nicht so tun, als wäre es ausgeschaltet. Technisch sehr einfach zu lösen wäre dies beispielsweise durch die sogenannte Fernwartungsfunktion, die es bei vielen modernen Handys ermöglicht, über das Funknetz neue Software auf das Handy aufzuspielen. Im Grunde hilft nur eine Maßnahme ganz sicher: Den Akku ganz aus dem Handy entfernen.

Hat *Margaret Thatcher*, die frühere Premierministerin von Großbritannien, das Softeis erfunden?

Der Laie spekuliert:

Häh – wer behauptet denn so was??
Harro

So wie die Eiserne Lady drauf war, wäre da nie softes, sondern stahlhartes Eis bei rausgekommen.
Jeff Rey

War sie vor ihrer politischen Karriere etwa Eisverkäuferin? Das würde ihre teils eiskalte Art erklären. Fand die Dame nie sonderlich sympathisch. Wenn ich mir vorstelle, wie sie mit ihrem typisch sauer verzogenem Gesicht kleinen Kindern das Eis über die Theke reicht, haben die bestimmt immer angefangen zu weinen. Das war schlecht für den Umsatz und so ging der Laden pleite und Frau Thatcher lieber in das Auffangbecken für Gescheiterte – die Politik.
Sandra

Der Experte klärt auf:
Hans Wiegenhof, Chemiehistoriker, München

Bevor Margret Thatcher ihre politische Karriere begann, studierte sie Chemie und arbeitete danach in einem Team, welches 1948 angeblich das Softeis erfunden haben soll. Doch schon im Jahre 1938 hat J. F. »Grandpa« McCullough und sein Sohn Alex McCullough nachweislich das erste Softeis angeboten. Später waren sie Mitgründer der Softeis- und Fast Food-Kette »Dairy Queen«. Der erste Laden der Kette wurde im Jahre 1940 in Joliet, Illinois eröffnet. Damit waren die Amerikaner zehn Jahre früher als die Engländer. Das Chemiker-Team, in welchem Margaret Thatcher mitarbeitete, entwickelte lediglich eine Methode, den Anteil von Luft in Eiscreme zu verdoppeln. Dadurch wurde die Konstruktion der bekannten Softeismaschine ermöglicht, bei der die Waffel durch Betätigung eines Hebels auf Bestellung gefüllt wird. Möglicherweise hat Margaret Thatcher also tatsächlich ihren Anteil an einer britischen Softeis-Entwicklung, erfunden hat sie es jedoch nicht.

Worin unterscheiden sich *Fahnen* von Flaggen?

Der Laie spekuliert:

In dem, was nach dem »F« und vor dem »en« kommt?!
Liesel

Da fällt mir spontan noch »ick« und »urz« als Füllung ein ;-) Geht dann aber auch gleich in eine ganz andere Richtung.
Henry

Flaggen sind größer, Fahnen eher kleiner. Das, was an den Regierungsgebäuden etc. hängt sind Flaggen, man sagt ja auch »auf Halbmast« flaggen, wenn Staatstrauer angeordnet ist.
staatsmann

Für mich sind das zwei Begriffe für ein und dieselbe Sache: bunte Stofffetzen an einem Holzstab. Wer's mag und braucht …
Jola

Die Expertin klärt auf:
Hera Daubner, Historikerin, Tübingen

Im allgemeinen Sprachgebrauch werden beide Begriffe zumeist gleichbedeutend verwendet, aber genaugenommen gibt es schon deutliche Unterschiede. Eine Flagge diente ursprünglich zur visuellen Verständigung zwischen Schiffen auf See. Schon im 12. und 13. Jahrhundert wurden die ersten Regeln für Flaggen aufgestellt, wie beispielsweise die korrekte Kennzeichnung der Herkunft des Schiffes. Ab dem 15. Jahrhundert wurde das korrekte Kennzeichnen der Nationalität mit einer Flagge dann gesetzlich vorgeschrieben. Aus diesen Flaggen entwickelten sich dann die Nationalflaggen wie wir sie heute kennen. Flaggen werden meist indirekt am Mast befestigt, also z. B. mit Hilfe einer speziellen Leine, so dass sie sich leicht hissen oder abnehmen lassen. Fahnen dagegen dienten in ihrem Ursprung der Kennzeichnung von Truppenteilen, damit man auf dem Schlachtfeld nicht irrtümlich die eigenen Leute bekämpfte. Außerdem dienten sie auch als Symbol der Kampfgemeinschaft und sollten die Moral der Truppe stärken. Die Fahne stand symbolisch für militärische Ehre und Treue, was sich auch darin ausdrückte, dass die Soldaten einen Fahneneid leisten mussten. Deshalb werden noch heute Deserteure als »Fahnenflüchtige« bezeichnet. Fahnen werden direkt am Mast befestigt.

Wieso hat ein *Shop, der 24 Stunden* geöffnet hat (wie z. B. eine Tankstelle), ein Türschloss?

Der Laie spekuliert:

In der Bauzeit, wenn ja noch nicht zum Verkauf geöffnet ist, muss man ja auch abschließen können.
Ultracid

Na ja die Frage ist: Was ist eine Tür ohne Schloss? Dann kann man auch gleich die Tür weglassen, wenn man kein Schloss braucht …
mistertie

Ich denke, das sind nur Imagegründe. Wer will auch schon bei einer Tanke kaufen, die sich nicht mal ein Türschloss leisten kann? So was schafft Vertrauen für den Kunden!
Helmut N.

Als Nachtschichtler in einer 24h-Tankstelle fallen mir einige Gründe ein, die für ein Türschloss sprechen: 1) eventuelle Währungs- oder Computerumstellungen; 2) wenn du in stockfinsterer Nacht ein Rudel Volltrunkener laut grölend auf deine Tanke zutorkeln siehst, macht es durchaus Sinn, die Tür zu verriegeln und den Nachtschalter zu aktivieren; und last but not least 3) treibt dich des nachts ein menschliches Bedürfnis auf ein stilles Örtchen, sitzt du dort viel entspannter, wenn du weißt, dass während dieser paar

Minütchen nicht dein Verkaufsraum leergeplündert wird.
Holger

Aber strenggenommen ist zumindest während der Klozeiten der Mitarbeiter die Tanke dann doch nicht 24/7 geöffnet.
Erbsenzähler

Der Experte klärt auf:
Pressestelle eines großen deutschen Tankstellenbetreibers

An vielen 24h-Tankstellen bleibt die Eingangstür vom späten Abend bis zur Frühschicht verschlossen, da aus Sicherheitsgründen (Überfälle etc.) diese Stationen in dieser Zeit (z. B. von 22:00 Uhr bis 6:00 Uhr) nur über den Nachtschalter betrieben werden.

Warum läuft bei Rolltreppen das Band, auf das man die Hand legt, immer etwas schneller als die *Rolltreppe*, so dass man ständig neu greifen muss?

Der Laie spekuliert:

Weil sie's einfach mal wieder nicht hinkriegen, die Herrn Ingenieure. Wir fliegen zum Mond, können Atome sehen und die ganze Menschheit ausrotten, aber die Laufbänder von Rolltreppen zu synchronisieren, bleibt eine unlösbare Herausforderung.
Roland

Es handelt sich um winzige Verschiebungen im Raum-Zeit-Kontinuum, die nur an dieser Stelle so deutlich sichtbar werden und überdies beweisen, dass sogenannte Paralleluniversen nicht wirklich parallel laufen. Während wir uns auf der Treppe durch mehrere Raumebenen (vertikal/horizontal/diagonal) bewegen und dabei auch auf dem Zeitstrahl wandern, macht das Laufband dies ebenfalls, aber örtlich und zeitlich etwas versetzt, sozusagen in einer anderen Dimension. Mit bloßem Auge kaum erkennbar, aber beim Anfassen stellen wir eine Verbindung zwischen den Dimensionen her und merken am eigenen Körper, wie alles auseinanderdriftet.
42

Der Experte klärt auf:
Klaus Glotz von OTIS GmbH & Co. OHG, Berlin

Es gilt die deutsche Fassung der DIN EN 115-1: 2008 + A1: 2010. Dies ist die Norm für die »Sicherheitsregeln für die Konstruktion und den Einbau von Fahrtreppen und Fahrsteigen«. Im Punkt 7 »Handlauf« ist unter Punkt 7.1 Allgemeines, sinngemäß beschrieben, dass jede Balustrade an ihrer Oberfläche mit einem Handlauf versehen sein muss, der sich bei normalen Betriebsbedingungen in derselben Richtung mit einer Grenzabweichung von 0 Prozent bis +2 Prozent der Laufgeschwindigkeit der Stufen, der Paletten oder des Gurtes bewegt. Der technische Hintergrund für diese Vorschrift ist durch die Art des Antriebes bestimmt: Wie ein Keilriemen beim Auto läuft der Handlauf endlos im Kreis und wird über Reibung angetrieben. Bei dieser Antriebsform gibt es immer einen sogenannten Schlupf, also ein ganz leichtes Rutschen, da das Gummigewebe, aus dem der Handlauf besteht, elastisch ist. Die Größe dieses Schlupfes hängt unter anderem von der Feuchtigkeit, der Temperatur und der Spannung ab und ist deshalb nie genau kalkulierbar. Nun darf der Handlauf aber auf keinen Fall langsamer laufen als die Treppe, denn dann würde man unweigerlich nach hinten kippen. Um dies zu vermeiden, gibt man dem Handlauf gleich eine etwas größere Geschwindigkeit vor: Es darf bis zu zwei Prozent schneller sein als die Treppe.

Was macht ein *Lokomotivführer*, wenn er auf die Toilette muss?

Der Laie spekuliert:

Bei einer Zugfahrt wird in der Regel ja nicht stundenlang kein Bahnhof angesteuert. Der Lokführer hat also bei diesen Stopps mal Zeit, auf die Toilette zu gehen. Zudem gehört natürlich ein wenig Disziplin dazu, während der Fahrt nicht literweise Kaffee zu trinken. Der Lokführer kann ja seinen Platz nicht verlassen, da es in Zügen einen Knopf/ Schalter gibt, den er in regelmäßigen Abständen betätigen muss, ansonsten wird die Bremsanlage ausgelöst, um zu verhindern, dass er einschläft. Die meisten Lokführer sind allerdings Männer und naja, jeder Mann weiß, dass es immer eine Möglichkeit gibt sich zu erleichtern, auch wenn kein WC in der Nähe ist (Flasche, Becher und dann ab durchs Fenster) :-)
drey

Laufen lassen und genießen!
Kai

Busfahrer gehen ja auch VOR und NACH der Fahrt aufs Klo.
Jana

Ich denke mal, dass ein erwachsener Mensch seine Blase ein wenig unter Kontrolle hat. Daher werden ja wohl 1–2 Min. Aufenthalt in einem Bahnhof ausreichen, um diese zu entleeren. Abgesehen davon, gibt es bestimmt nach einer gewissen Zeit eine Ablösung oder so etwas wie einen Co-Lokführer, wobei ich davon noch nichts gehört habe, was ja nicht unbedingt heißt, dass es das nicht doch gibt.
J. D.

Geht nicht, da die DB zwar Millionen für Reklame hat, aber kein Geld für eine Campingtoilette. Eine Lokomotiv-Führerin ist bei einem Halt ins Gebüsch und wurde angezeigt! Stand in der Süddeutschen Zeitung.
Dieter K.

Die Expertin klärt auf:
Gerda Seibert, Pressesprecherin der Gewerkschaft Deutscher Lokomotivführer (GDL), Frankfurt am Main

Ein Lokomotivführer, der auf die Toilette muss, geht, wie alle anderen Menschen auch, auf die Toilette. Toiletten gibt es, wie Sie wissen, in den Zügen und in den Bahnhöfen. Er entleert seine Blase ebenso wenig beim Zugführen wie ein Auto- oder Busfahrer während das Fahrens.

Gibt es eine Einheit, in der man *Gestank* messen kann?

Der Laie spekuliert:

Die Anzahl meiner getragenen Socken – je mehr zusammenkommen, desto stärker stinkt es.
Ralf M.

Vielleicht kgK = Kilogramm Kot. So ähnlich wie eine Pferdestärke als Grundmaß dient, könnte z. B. der Gestank von einem Kilo Sch…e als Basis genommen und alles andere damit verglichen werden. Stinkefüße hätten dann vielleicht 0,01 kgK, ein Furz 0,8 kgK, ein ganzes frisch mit Kuhmist gedüngtes Feld 3000 kgK.
's Weberle

Meine Socken hätten nach dem Fußball dann aber definitiv mindestens 0,5 kgK!!
Ralf M.

Ist doch aber total subjektiv, was wie doll stinkt. Der eine findet Exkremente total widerlich, während das z. B. für jemanden, der regelmäßig Klärgruben reinigt, nicht weiter schlimm ist. Dürfte also schwer sein, etwas zu finden, das alle Menschen objektiv gleich eklig finden.
blue_lady

Doch da gibt's was: faule Eier! Das kann kein Mensch irgendwie weniger stinkend empfinden, außer ihm wurden die Riechzellen amputiert.
Manni

Der Experte klärt auf:
Axel Delan, öffentlich bestellter und vereidigter Sachverständiger für Emissionen und Immissionen von Gerüchen, Frankenberg, Sachsen

Ja, Gerüche/Gestank kann man messen, es gibt auch »Grenzwerte«. Der »Grenzwert« ist eine aus der Häufigkeit der Geruchswahrnehmung abgeleitete Kenngröße. Gerüche »zu oft« sind per Gesetz (Bundes-Immissionsschutzgesetz) als erhebliche Belästigung zu werten und verboten. Die Stärke der Gerüche bestimmt man nach DIN EN 13725 mittels Olfaktometrie, die Messgröße ist die Geruchsstoffkonzentration in Geruchseinheiten pro Kubikmeter.

Wie bringt man eigentlich in Filmen ***Pferde*** zum Fallen?

Der Laie spekuliert:

Hoffentlich per Computeranimation, denn alles andere wäre brutal. Gerade bei Stürzen verletzen sich Pferde oft so, dass sie danach eingeschläfert werden müssen, weil die Gelenke kaputt sind.
Ria

Na ja, das ging zu Zeiten von Monumentalfilmen wie »Ben Hur« oder Westernklassikern wie »Die glorreichen Sieben« oder »Winnetou« wohl noch nicht. Es muss also einen Trick geben, der Pferde stürzen lässt. Vielleicht ja durch Erschrecken – die Filmcrew löst einfach einen lauten Knall aus. Pferde hören sehr gut und sind scheue Tiere, durch den Schreck könnten sie ins Stolpern geraten.
foggy

Man erschießt sie einfach!
Lars K.

Durch einen geschickten Filmschnitt sieht es einfach nur so aus, als ob das Pferd gestürzt wäre. In der ersten Einstellung sieht man, wie es etwas strauchelt und dann – Schnitt – liegt es am Boden. Dort hat man es zwischen den Szenen aber ganz behutsam hingelegt, ohne dass es Schmerzen hatte.
Kati

Der Experte klärt auf:
Claas Waldmann, Pferdetrainer, Bremen

Die einfachste Methode ist tatsächlich ein geschickter Filmschnitt, bei dem zunächst das laufende Pferd mit Reiter gezeigt wird und dann z. B. nach Schusswaffeneinwirkung beide im Sand liegend.
Oft hat man in früheren Jahren wegen der größeren Realitätsnähe aber kaum Rücksicht auf die Gesundheit der Tiere genommen und diese tatsächlich mit Hilfe verschiedener Hilfsmittel aus dem vollen Galopp heraus stürzen lassen. Dies ist jedoch vor allem aus tierethischen Aspekten abzulehnen.
In der heutigen Zeit trainiert man mit den Tieren den sogenannten kontrollierten Sturz, indem man im Laufe der Übungen aus einem langsamen Hinlegen ein immer schneller werdendes Fallen macht, das dann in Perfektion wie ein Sturz aussieht. Eine gute Kameraführung macht die Illusion dann perfekt.

Ist *destilliertes Wasser* beim Trinken gesundheitsschädlich oder sogar tödlich?

Der Laie spekuliert:

Es wäre zumindest die einzige Flüssigkeit, die ich in mein Auto kippen und trotzdem auch trinken kann.
Bär

Wir trinken viel destilliertes oder umkehrosmotisches Wasser und essen dazu jede Menge Rohkost. Uns geht es seitdem blendend, keine Anzeichen von Gesundheitsgefahr.
Gitta und Falk B.

Außer vielleicht völlige Ver(bl)ödung der Hirnareale wegen Mangelernährung?!
realo

Ist ja quasi nichts drin, und wie sagt man so schön: von nix kommt nix. Passiert also nix.
Jenny

Der Experte klärt auf:
Harald Sirto, Ernährungswissenschaftler, Bremen

Schon in der Schule haben wir gelernt, auf keinen Fall destilliertes Wasser zu trinken. Denn Magenbluten, platzende

Zellen und im schlimmsten Fall der Tod könnten die Folgen sein. Die gegenteilige Empfehlung kann man bisweilen von manchen Naturheilkundlern hören. Das destillierte Wasser soll der Gesundheit förderlich sein und eine entschlackende Wirkung auf den Körper haben. Doch wer hat denn nun recht? Destilliertes Wasser ist »reines« Wasser, also ohne Mineralien, Salze und organische Stoffe. Es kommt so in der Natur nicht vor und wird durch Verdampfen von gewöhnlichem Leitungswasser und anschließender Kondensation gewonnen. Die Zellen unseres Körpers bringt es jedenfalls nicht zum Platzen, außer man würde es direkt in die Adern injizieren. Und deshalb ist Magenbluten und Tod auch nicht die unmittelbare Folge des Konsums von destilliertem Wasser. Abträglich für die Gesundheit kann es erst dann werden, wenn wir über längere Zeit ausschließlich destilliertes Wasser trinken und die dadurch fehlende Elektrolytmenge nicht durch die Nahrung ausgeglichen wird. Elektrolyte wie Natrium, Kalium, Calcium und Magnesium sind für die Funktion unserer Zellen unentbehrlich, und ein gestörter Elektrolythaushalt kann zu Herzrhythmusstörungen und Nervenschäden führen.

Warum erzeugt das Quaken einer *Ente* kein Echo?

Der Laie spekuliert:

Wegen des Qs am Anfang?!
jette

Wegen des besonderen Lautes könnte es zu Interferenzen zwischen dem Laut und seinem Echo kommen. Die löschen dann das Echo aus. Ist das Prinzip des sogenannten Gegenschalls.
Thilo

Vielleicht hat es ja bisher bloß noch keiner gehört? Heißt dann nicht automatisch, dass es nicht doch ein Echo gibt.
Bea

Aber Bea, ein Echo, das man nicht hören kann, ist doch auch kein Echo, oder?
Veit

Na ja, glaube auch Kleinsttiere wie Mäuse oder so erzeugen ein Echo. Aber eben eins, das wir nicht hören. Vielleicht auch besser, sonst würde man ja verrückt werden.
Bea

Der Experte klärt auf:
Studie von Prof. Trevor Cox, Akustikexperte an der University of Salford, Manchester

Prof. Cox hat für sein Experiment im Jahr 2003 das Quaken einer Entendame namens »Daisy« zunächst in einer schalltoten Kammer ohne akustische Reflexionen aufgezeichnet. Dann hat er in einer weiteren Versuchsanordnung ein Quaken in der Royal Albert Hall und den Vorbeiflug an einer Felswand simuliert. Das Ergebnis war eindeutig: Auch das Quaken der Ente erzeugte ein messbares Echo. Dieses ist jedoch vergleichsweise schwach, da schon der Quak-Ton der Ente leise ist. Hinzu kommt, dass das Quaken ein eher kontinuierlich auslaufendes Geräusch ist und damit »Original-Quak« und »Echo-Quak« nur schwer voneinander zu unterscheiden sind. Ursache des Mythos vom fehlenden Echo könnte sein, dass Enten meist in einer relativ ebenen Umgebung, wie etwa weiten Wasserflächen anzutreffen sind. Dort sind die Voraussetzungen für ein wahrnehmbares Echo, anders als z. B. in einer Berglandschaft, denkbar schlecht, da der Schall kaum reflektiert wird.

Wie lange lebt eine *Eintagsfliege*?

Der Laie spekuliert:

Sagt doch ihr Name schon: einen Tag.
Mirko

Aus Sicht der Fliege lebt sie ein ganzes Leben lang – und das kann in ihrem kleinen Kosmos dann schon mal ziemlich lange sein. Ist die Frage, ob Fliegen ein anderes Zeitempfinden haben als Menschen oder die Fliege auch alles in »Menschenechtzeit« erlebt.
Xaver

Jack Bauer von »24« lässt grüßen: »Die folgenden Ereignisse geschehen in Echtzeit. An ihrem Ende wird die Eintagsfliege tot sein.«
chloe

Wenn ich sie mit der Zeitung an der Wand erwische: nicht lange!
gerd

Ganz klar: Bis sie stirbt.
sense_mann

Die Expertin klärt auf:
Dr. Petra Ditsche-Kuru und Dr. Jana Willkommen, Universität Kiel

Der wissenschaftliche Name für Eintagsfliegen ist Ephemeroptera. Dies bedeutet so viel wie für einen Tag geflügelt. Eintagsfliegen verbringen die meiste Zeit ihres Lebens als Larven im Wasser. Das letzte Larvenstadium häutet sich dann zu einem ersten geflügelten Stadium, der Subimago. Diese Subimago ist im Insektenreich einzigartig. Sie häutet sich innerhalb weniger Minuten, meistens jedoch innerhalb von 1–3 Tagen weiter zur Imago, dem zweiten geflügelten Stadium der Eintagsfliegen. Die geflügelten Tiere nehmen keine Nahrung mehr auf, und die verbleibende meist sehr kurze Lebenszeit dient dann nur noch der Fortpflanzung. Die meisten Imagines leben daher nur wenige Stunden oder Tage und sterben meist direkt nach der Paarung und Eiablage. Die Weibchen einiger Arten können jedoch bis zu vierzehn Tage überleben.

Wonach riecht es, wenn es im Sommer nach »*Regen*« riecht?

Der Laie spekuliert:

Nach dem Regen sind viele Schmutzpartikel aus der Atmosphäre »gewaschen«, und man riecht quasi gereinigte Luft (oder eben die übrig bleibenden Gerüche von Pflanzen etc.) intensiver.
Nero B.

Tatsächlich resultiert dieser frische, saubere Frühlingsregen-Geruch, den wir nach einem Unwetter wahrnehmen, aus der natürlichen Produktion von Ozon. Ozon wird manchmal auch aktivierter Sauerstoff genannt. Es handelt sich hierbei um die dreiatomige Form des Sauerstoffs, den wir in zweiatomiger Form einatmen. Ozon ist das zweitstärkste Desinfektionsmittel der Welt und seine Funktion ist, Bakterien, Viren und Gerüche zu zerstören. Interessanterweise kommt Ozon in der Natur recht häufig vor, z. B. durch einen Blitzschlag während eines Gewitters.
ms.BURTON

Nach Dreckwasser vom Himmel?
Kaiser Wilhelm

Feuchtigkeit intensiviert den Geruch der eigentlich vorhandenen Dinge, wie z. B. Gras oder Blumen. Wenn im Sommer

diese Feuchtigkeit (Regen) auch noch durch die Sonne erwärmt wird, setzen sich alle Duftstoffe umso stärker ab, und unsere Nase nimmt durch den Filterungsprozess feuchte Duftstoffe wesentlich tiefer auf, wo weitere Nervenzellen diese Infos an das Gehirn senden.
Mysteryman68

Der Experte klärt auf:
Martin Wurzner, Diplom-Meteorologe, Köln

Der typische – positiv besetzte – Regengeruch im Sommer resultiert u. a. daraus, dass die auf den Boden treffenden Regentropfen kleinste und federleichte Sporen bestimmter Bakterienarten in die Luft schleudern. Die feuchte Luft verteilt diese Sporen ideal und bringt sie bis in unsere Nasen. Wir nehmen das dann als typisch erdigen Geruch wahr. Eine andere Aroma-Quelle sind ätherische Öle, die von einigen Pflanzen freigesetzt werden. Kommen diese mit Regen in Berührung, werden sie ebenfalls in feinsten Partikeln in der Luft verteilt.

Gibt es in deutschen Gewässern wirklich ***Piranhas***?

Der Laie spekuliert:

Nee glaub ich nicht. Bei der ganzen Chemie in unseren Seen und Flüssen wären die doch sofort tot!
Christoph

Wahrscheinlich sind das irgendwie mutierte Karpfenfische. Die sind jetzt echte Kampfkarpfen und sehen dann so aus wie Piranhas.
Benny

In meinem Aquarium – ebenfalls ein deutsches Gewässer – schon!
dirk

Die würden doch alle heimischen Fische sofort auffressen. Wäre also sehr gefährlich, wenn solche aggressiven Raubfische plötzlich massenweise unsere friedlichen deutschen killen würden.
anke

Der Experte klärt auf:
Dr. Patrick Steinmann, Zoologe und Spezialist für Gewässerbiologie, Stein am Rhein

Es gibt Piranhas in deutschen Gewässern. Sie wurden (und werden) immer wieder von Aquarianern freigesetzt. Meines Wissens haben sie sich aber bisher noch nirgends in Deutschland in freier Natur vermehrt. In den meisten Fällen sterben die ausgesetzten Tiere rasch, spätestens im ersten Winter. Es gibt aber einzelne Gewässer, in denen Piranhas den Winter überleben können, z. B. in der Erft (Nordrhein-Westfalen). Die Erft wird durch eingeleitetes Warmwasser aus dem Kohlebergbau erwärmt, und die Wassertemperatur bleibt deshalb auch im Winter in einem für Piranhas tolerierbaren Bereich.
Piranhas sind im Übrigen bei weitem nicht so gefährlich wie gemeinhin angenommen wird. Meistens fressen sie kleinere Fische, Krebse, Insekten, Aas oder auch Früchte, die ins Wasser fallen. Große Tiere oder Menschen werden nicht angegriffen. In ihrer Heimat in Südamerika werden Piranhas in der Trockenzeit, wenn der Wasserspiegel fällt, oft in großen Schwärmen in Seitenarmen oder Buchten vom Hauptgewässer abgeschnitten. In diesen langsam austrocknenden Tümpeln wird mit der Zeit das Futter knapp und die Tiere fressen dann alles, was sie kriegen können. Unter solchen Umständen kann dann schon mal ein größeres Tier überfallen werden. Es ist aber kein Fall dokumentiert, bei dem Piranhas einen Menschen getötet haben. Lediglich einzelne Bissverletzungen an Beinen oder Armen sind bekannt.

Wie heißt die Fachbezeichnung für *Popel*?

Der Laie spekuliert:

Kommt drauf an, in welchen »Fachkreisen«. Am Stammtisch sind wohl Begriffe wie Schnodder, Rotz, Schleim in Gebrauch.
Martin

In Köln sagt man »Mömmes« dazu.
der_jeck

Zur Tiefenförderung mittels Fingerbohrer geeignete Nasensteine.
Michael_Z

Also sollte man angesichts schwächelnder Börsen vielleicht in die Förderung von solidem Nasengold investieren?
heller

Schleimklumpen? Für manchen ja auch die letzte Rettung bei akutem Nahrungsmangel. Müsste man gleich auch mal untersuchen, ob das Futtern der Dinger irgendwelche Gesundheitsschäden verursachen kann.
ines

Na mindestens schlechten Atem.
Matze_bi

Der Experte klärt auf:
Rayk Hennig, Facharzt für HNO-Heilkunde, Berlin

In weicherem Zustand spricht man eher von Nasensekret, festere Popel werden medizinisch als »Borke« bezeichnet. Diese entstehen, wenn das flüssige Nasensekret austrocknet, verklumpt und dadurch nicht mehr abfließen kann. Zur Entfernung ist entweder ein kräftiges Ausschnäuzen ins Taschentuch oder im Notfall auch die Zuhilfenahme eines Fingers angezeigt. Zwanghaftes Nasebohren wird als Rhinotillexomanie bezeichnet.

Wie wird *Bananensaft* hergestellt?

Der Laie spekuliert:

Bestimmt aus ganz vielen chemischen Zutaten, die den Geschmack einfach nachahmen. Ist doch heutzutage billiger, als den Aufwand mit echten Früchten zu betreiben. Ein Bekannter hat mir erzählt, dass z. B. die Früchte im Fruchtjoghurt manchmal einfach Sägespäne sind, die man mit Aromen getränkt und angefärbt hat. Und zum Anfärben nimmt man die Ausscheidungen von Blattläusen.
Marthe_HH

Boah, wie eklig, Alter!
Conny

Na ja, je matschiger Bananen werden, desto mehr verflüssigen sie sich ja auch. Vielleicht fängt man diese Flüssigkeit auf und macht daraus den Saft. Ich möchte auf keinen Fall in der Halle sein, in der diese ganzen Bananen vor sich hingammeln, das muss verdammt zum Himmel stinken.
nele

Chuck Norris kann aus jeder Banane einen Liter Saft pressen!
hulk

Viel krasser: Wenn die Bananen Chuck Norris nur sehen, schwitzen sie ihren Saft freiwillig aus!
Gerry

Der Experte klärt auf:
Pressestelle Fa. Eckes-Granini Deutschland GmbH, Nieder-Olm

Aufgrund ihrer natürlichen Beschaffenheit bzw. ihres hohen Fruchtfleischanteils kann aus Bananen kein hundertprozentiger Saft hergestellt werden. Dies trifft auch auf Früchte wie Aprikose oder Pfirsich zu. Der Saft wäre zu dickflüssig und nicht trinkbar. Deshalb werden diese Früchte meist als Fruchtnektar hergestellt und angeboten. Bei der Verarbeitung zu Bananennektar werden die Bananen im Anbauland zunächst geschält und zu Bananenmark verarbeitet. Dieses wird dann in Fässer gefüllt und nach Europa transportiert. Hier wird dem Bananenmark Wasser und Zucker zugefügt. So kann aus der Banane ein Getränk mit einem intensiven Bananengeschmack hergestellt werden. Ein Bananennektar muss laut Fruchtsaftverordnung mindestens 25 Prozent Bananenmark enthalten.

Wie viele Spieler muss eine *Fußballmannschaft* mindestens haben?

Der Laie spekuliert:

Es gilt das alte Sepp-Herberger-Wort: 11 Freunde müsst ihr sein!
Enno

Logisch wäre: mindestens genauso viele wie die andere Mannschaft. D.h. wenn beide Mannschaften nur mit vier Spielern auflaufen wollen, sollen sie das getrost tun, ist doch fair.
Kati

O wei, Frauen und Fußball – kopfschüttel! Dann auch noch Frauen und Logik – verzweifelt kopfschüttel! Ich bin mir sicher, dass es eine festgelegte Untergrenze gibt, ab der es keinen Sinn mehr macht, das Spiel fortzuführen. Wenn nur noch vier Spieler pro Mannschaft auf dem Platz stehen, ist das vielleicht lustig, hat aber mit Fußball nichts mehr zu tun.
ingooo

PS: Das gilt natürlich auch für den Frauenfußball!
ingooo

Schwer zu sagen, ohne eine willkürliche Grenze zu ziehen. Reicht es, wenn noch sieben Mann auf dem Platz stehen oder müssen es mindestens acht sein? Da meistens ja auch dreimal gewechselt werden kann, vermute ich, dass auch nicht mehr als drei Spieler gegenüber dem Spielstart fehlen dürfen. Dann müssten also mindestens immer acht Spieler auf dem Platz sein.
Alf

Der Experte klärt auf:
Ralf Weise, Regionalliga-Schiedsrichter, Paderborn

Nach den Fußballregeln müssen zu Spielbeginn mindestens sieben Spieler pro Mannschaft auf dem Platz stehen. In der »Auslegung der Spielregeln und Richtlinien der FIFA für Schiedsrichter« des DFB heißt es eindeutig: »Ein Spiel darf nicht mit weniger als sieben Spielern begonnen werden«. Und was passiert, wenn durch Verletzung oder rote Karten die Mannschaft auf unter sieben Spieler dezimiert wird? Kommt zwar kaum vor, aber auch dafür gibt es eine Regel. Unter den Anweisungen des DFB heißt es unter Nr. 8: »Bei weniger als sieben Spielern ist das Spiel auf Wunsch des Spielführers abzubrechen, wenn das Ergebnis für den Gegner lautet.« Wenn die dezimierte Mannschaft im Rückstand ist, kann das Spiel also abgebrochen werden. Allerdings wird das Spiel dann »strafverifiziert«, d. h. das Spiel wird mit 3:0 gewertet, wenn der Spielstand der gegnerischen Mannschaft nicht höher lautet.

Gibt es *Tiere* mit einer ungeraden Zahl an Beinen?

Der Laie spekuliert:

Nein, die gibt es nicht! Es gibt nur Zweibeiner (z. B. Mensch), Vierbeiner (z. B. Pferd), Sechsbeiner (z. B. Ameise) und Achtbeiner (z. B. Spinne). Es wurde bisher noch kein Landlebewesen mit einer ungeraden Zahl an Beinen entdeckt! Es sei denn, eine Spinne hat ein Bein verloren und hat dann sieben Beine! Aber es ist absolut unmöglich, dass ein Tier eine ungerade Zahl an Beinen hat! Auch vor mehreren Millionen Jahren, als die Dinosaurier noch lebten, gab es keinerlei Lebewesen mit drei oder sieben Beinen.
Dr. Paul M.

Gibt's doch: Ein halbes Hähnchen!
Dummtopf

Hat nicht der Mensch drei Beine, zwei unten und ein Nasenbein?
chris

Die Frage wurde vor ca. 2353 Jahren von Aristoteles gestellt, und die simple Antwort auf diese lautet: »Nein«
MiG

Ich kann mich schwach daran erinnern, dass wir im Biologieunterricht davon geredet haben, dass Schnecken nur einen Fuß haben (auf dem sie kriechen). Wenn eine Schnecke einen Fuß hat, dann muss doch irgendwo das Bein dazu sein (auch wenn man es nicht sieht oder)?!?
Susi

Die Ratten aus der Umgebung von Tschernobyl?
Alexx

Der Experte klärt auf:
Leo Winter, Zoologe, Kassel

Es gibt tatsächlich Tiere mit einer ungeraden Anzahl von Beinen. Der Seestern z. B. hat typischerweise fünf Arme, mit denen er sich gleichzeitig auch fortbewegt. Es gibt aber auch Exemplare mit sieben oder dreizehn Armen. Hundertfüßler haben immer eine ungerade Zahl an Beinpaaren.

Warum tragen die Autos der ***Bundeswehr*** ein »Y« als Kennzeichen?

Der Laie spekuliert:

Y-Tours: Wir buchen, Sie fluchen!
grenni

Hab mal gehört, dass das Y und damit die Bundeswehr das Ende von Deutschland sein soll. Nee, nicht wegen den Torfköppen beim Bund, sondern wegen GermanY.
Steen

Das »Y« sieht aus wie ein Panzerketten-Glied:
-<-<-<-<-<-<–
Bodo

Y wie Yipppieee!
Karlchen

Der Experte klärt auf:
Pressestelle Bundeswehr, www.bundeswehr-karriere.de

Während für den zivilen Bereich das Kennzeichen aus dem Unterscheidungszeichen mit bis zu drei Buchstaben für den Landkreis/Verwaltungsbezirk und aus der Erkennungsnummer mit Buchstabe und Zahlen besteht, werden Fahrzeuge der Bundeswehr mit dem Unterscheidungszeichen Y sowie mit einer bis zu sechs Stellen enthaltenden Zahl als Erkennungsnummer gekennzeichnet. Bei der damaligen Festlegung des Buchstabens für das Unterscheidungszeichen der Fahrzeuge der Bundeswehr kamen nur solche in Betracht, die bisher weder für Landkreise/Verwaltungsbezirke oder andere Bundes- und Landesorgane, den Bundesgrenzschutz, die Bundes-, Wasser- und Schifffahrtsverwaltung, das Diplomatische Korps sowie bevorrechtigte internationale Organisationen vergeben waren und auch in Zukunft nicht als solche gebraucht werden würden. Allein der Buchstabe Y erfüllte alle diese Voraussetzungen und wurde somit als Unterscheidungszeichen auf amtlichen Kennzeichen für Dienstfahrzeuge der Bundeswehr eingeführt. Zusätzlich enthält dieses amtliche Kennzeichen neben einem Dienststempelabdruck »Zulassungsstelle Bundeswehr« ein nationales Unterscheidungssymbol. Links neben dem Buchstaben Y sind die Nationalfarben (Schwarz-Rot-Gold) in waagerechten Streifen untereinander angebracht.

Warum hat ein *Golfball* Dellen?

Der Laie spekuliert:

Alles B-Ware!
Xaver

Weil eh ständig mit den harten Metallschlägern draufgeschlagen wird, würden kugelrunde Golfbälle mit der Zeit lauter Macken bekommen und unschön aussehen. Bei einer unebenen Oberfläche mit Dellen fällt das dann nicht mehr so auf.
Patric

Dann könnte man ja auch Autos gleich mit Dellen herstellen, dann fallen kleinere Blechschäden zukünftig nicht mehr so auf.
Nike

Das soll Verwechslungen mit Tischtennisbällen vorbeugen! Tut weder Tischtennisschläger, Spielerarm noch Platte gut, wenn man das mit einem Golfball probiert.
Mika

Die Dellen verlangsamen sicher aufgrund der vielen Unregelmäßigkeiten den Flug der Golfbälle. Sonst würden sie

immer gleich über die Grenzen des Golfplatzes drüberfliegen und man könnte gar nicht vernünftig spielen.
lion_66

Der Experte klärt auf:
Golfschule Stefan Quirmbach, Göttingen

Ein Ball mit Dellen (Dimples) fliegt länger! Früher waren die Bälle glatt, jedoch stellte man fest, dass die leicht beschädigten Bälle weiter flogen. Die Erklärung dafür liefert die Physik: Ein Ball mit Dimples erzeugt im Vergleich zu einem glatten Ball weniger Luftwirbel im Flug und erzielt dadurch eine bessere Aerodynamik und somit längere Flugdauer! Mit der Form und Tiefe der Dimples lassen sich die Flugeigenschaften noch weiter verändern.

Stirbt man, wenn der menschliche ***Körper vergoldet*** wird?

Der Laie spekuliert:

Zumindest in James Bond »Goldfinger« hat's funktioniert, da ist die Kleine erstickt.
nobbe

Aber dann müsste man ja theoretisch auch ersticken, wenn man sich unter Wasser aufhält. Da kommt ja auch keine Luft an den Körper.
Marc

Ja, und erst die Fetischisten, die sich komplett in Plastikfolie einschweißen lassen – die müssten dann ja auch ein ziemliches Problem kriegen.
Anna

Wenn ALLE Körperöffnungen vergoldet werden, auf alle Fälle ja. Dann kann man nämlich durch nichts mehr atmen.
Ferdi

Meine Freundin verträgt kein Gold – sie hat eine richtige Allergie bzw. Unverträglichkeit. Ich denke, wenn wir sie komplett in Gold einpacken würden, wär's das.
big_otter

Der Experte klärt auf:
Bernd Wagner, Pulmologe, Frankfurt am Main

Über die Hautatmung nimmt der Mensch weniger als ein Prozent des Sauerstoffs auf. 99 Prozent des Sauerstoffs werden über die Lungen aufgenommen. Wenn die Sauerstoffaufnahme über die Haut nicht mehr möglich ist – egal ob durch Vergoldung, Vollbad oder Bodypainting –, hat der Mensch also immer noch genügend Sauerstoff zur Verfügung. Die Behauptung stimmt also nicht. Mögliche Symptome könnten jedoch Störungen in der Hitzeregulation des Körpers und Atemprobleme aufgrund der fehlenden Elastizität des Überzugs sein.

Heißt es der *Nutella*, die Nutella oder das Nutella?

Der Laie spekuliert:

Es müsste eigentlich die Nutella heißen, worauf auch die Endung »a« hindeutet. Außerdem kommt es vermutlich von: Nutella: Nutrition (englisch: Ernährung), bella (italienisch: schön). Ergo: Die Nutella.
Anonymous

Es wird die Vermutung aufgeworfen, dass der Name von »Nutrition« und »Bella« käme. Die Vermutung mit »Nutrition« finde ich weit hergeholt. Ist es nicht wahrscheinlicher, dass das von »Nut« (englisch: für Nuss) kommt, es ist ja ein NUSS-Nougat-Produkt.
anja007

Benutzt man das Wort Nutella mit einem Zusatzbegriff, wie zum Beispiel »die Nutella-Nuss-Nugat-Creme«, »das Nutella-Glas« bzw. »das Nutella-Brot« oder »der Nutella-Streicher«, dann kann man Nutella durchaus mit einem bestimmten Artikel verwenden.
Anonymous

Bei uns in der Familie hieß es schon immer »die Nutella«.
druide

Der, die, das. Wer wie was. Wieso, weshalb, warum? – da stelle mer uns mal janz dumm. Reimt sich auf Mortadella, Isabella, Marcella – allet weiblich. Ergo: die Nutella!
tönnes

Der Experte klärt auf:
Fa. Ferrero auf www.nutella.de

Nutella ist ein im Markenregister eingetragenes Phantasiewort, das in der Regel ohne Artikel verwendet wird. Es bleibt somit jeder und jedem selbst überlassen, welchen Artikel sie oder er vor nutella setzt.

Warum schmeckt Saft nach dem *Zähneputzen* so beschissen?

Der Laie spekuliert:

Die heutigen Zahnpasten – ausgenommen die Geels – bestehen zu einem hohen Prozentsatz aus (Schlemm-)Kreide. Diese dient zum »Scheuern« der Zahnoberfläche. Da Kreide bekanntlich eine starke hygroskopische Wirkung hat, d. h. sie nimmt Feuchtigkeit auf, trocknet sie (in diesem Fall) die Mundschleimhäute aus. Daher schmecken alle Speisen und Getränke unmittelbar nach dem Zähneputzen irgendwie mies.
Mike Mato

Saft kann auch vor dem Zähneputzen bereits beschissen schmecken …
Ukyo

Weil die Bakterien vom Saft und die Antibakterien von der Zahnpasta sich bekriegen, das Blut, das dabei vergossen wird, schmeckt dann halt zum Kotzen.
DrVenkmann

Also, mit 4 cl Wodka im Saft geht's!
Jewo

Der Experte klärt auf:

Prof. Hans Steinhart, Institut für Lebensmittelchemie, Universität Hamburg

Der bittere Geschmack von Orangensaft nach dem Zähneputzen ist die Folge der Wechselwirkung bestimmter Stoffe des Orangensafts und der Zahnpasta mit den verschiedenen Geschmackszonen der Zunge. Der Saft der Apfelsinen enthält ein ganzes Gemenge von Geschmacksstoffen, darunter auch Bitterstoffe, wie das Limonin. In Zahnpasten sind in eine Grundlage aus Bindemitteln und Wasser verschiedene Inhaltsstoffe eingebettet, zu denen auch Pflanzenextrakte aus Kamille, Arnika, Calendula, Hamamelis, Myrrhe, Rosmarin und Salbei zählen. Sie beeinträchtigen die Funktion der Geschmacksrezeptoren und verursachen das pelzige und taube Gefühl auf der Zunge. In Zahnpasten werden zudem häufig Pfefferminzöle eingesetzt. Wegen ihrer oberflächenanästhesierenden Wirkung tragen sie ebenfalls zu dem Taubheitsgefühl der Zunge bei. Beim Zähneputzen kommt vorzugsweise die vordere Mundhöhle und damit der vordere Teil des Zungenkörpers mit der Zahnpasta in Berührung. Die Geschmacksrezeptoren im hinteren Teil der Zunge, wo Bitterkeit empfunden wird, sind durch die Wirkstoffe der Zahnpasta weit weniger betroffen als die Rezeptoren auf der Zungenspitze, die für den süßen Geschmack verantwortlich sind. Die Folge ist, dass beim Trinken des Orangensaftes nach dem Putzen vornehmlich die in den Apfelsinen vorhandenen Bitterstoffe wahrgenommen werden, während seine Süße von den betäubten Geschmacksrezeptoren im vorderen Bereich der Zunge nicht geschmeckt wird.

Regnet **es am Wochenende häufiger als unter der Woche?**

Der Laie spekuliert:

Ich denke, das ist ein typischer Fall von »selektiver Wahrnehmung«. Wenn tatsächlich der Fall auftritt, dass es nach einer schönen Woche am Wochenende regnet, fällt das sofort auf und bleibt gespeichert. Denn das verregnete Wochenende nervt, und so schaut man auf die Woche zurück und ärgert sich. Die Annahme »Ich stehe immer an der Kasse, wo es nicht vorwärts geht!«, ist ein ähnliches Phänomen.
Harry Fox

Ja das ist richtig, nachweislich hängt das mit dem Berufsverkehr zusammen, der am WE fehlt und daher die Woche über für besseres Wetter sorgt.
Ralf Schmidt

Ja, weil der Liebe Gott nicht will, dass wir so viel feiern!!! Ne ... eigentlich glaube ich, dass das Quatsch ist, es kommt uns bestimmt nur so vor, weil das Wochenende kürzer und wertvoller für uns ist! Jeder will am Wochenende was unternehmen, und wenn es dann regnet, denken wir, dass es jedes Mal regnet, wenn wir was vorhaben, obwohl es gar nicht so ist. Das ist ein Streich, den uns unser Gehirn spielt, damit wir einen Grund für unsere schlechte Laune haben!
TiiNaaa

Wieso brauchen wir den, ich bin auch ohne Grund GERREIZT!!!!
Zoro

Der Experte klärt auf:
Andreas Friedrich, Diplom-Meteorologe und DWD Tornado-Beauftragter, Offenbach

Am Wochenende bekommt man es häufiger mit, dass es regnet. Wenn unter der Woche die meisten Leute arbeiten, spielt das Wetter nicht so eine entscheidende Rolle wie am Wochenende, da bleibt ein verregneter Tag viel länger im Gedächtnis haften, daher ist für viele das Wetter am Wochenende subjektiv schlechter. Wissenschaftlich ist da nichts dran. Wenn, dann müsste es eher am Wochenende weniger regnen, weil durch mehr Umweltverschmutzung auch mehr Kondensationskeime zur Verfügung stehen und damit eher bevorzugt Regen auftreten müsste. Aber auch das ist leider nicht wissenschaftlich nachweisbar.

Verbrennen *Pflanzen*, wenn sie in der prallen Mittagssonne gegossen werden?

Der Laie spekuliert:

Wenn du den Rasen in der prallen Sonne wässerst, verbrennt er und wird ganz braun.
Bine 65

Wenn das wahr wäre, würden ja alle Pflanzen in der Natur nach einem Regenguss und anschließendem Sonnenschein verbrennen. Dann würde es in manchen Sommern ja gar keine Pflanzen mehr geben.
Harald S

Nein, das stimmt nicht. Der einzige Grund für das Gießverbot in der Mittagssonne ist der höhere Wasserverbrauch, weil das Wasser gleich wieder verdunstet.
Anonymous

Wenn man sie mit Benzin (über)gießt und dann eine Kippe draufwirft, verbrennen sie ganz wunderbar.
devilin

Wasser und Verbrennen passt irgendwie nicht ganz zusammen. Außer, wenn Öl im Spiel ist, da verstärkt sich der Brand ja bei Zugabe von Wasser. Vielleicht reagiert also das Pflanzenöl mit dem Gießwasser ...?
Ronald

Der Experte klärt auf:
Studie von Gábor Horváth u. a., Eötvös Universität Budapest

Als Ergebnis der Studie von Gábor Horváth zeigt sich, dass diese Frage so pauschal nicht beantwortet werden kann, denn es kommt darauf an, um welche Pflanzen es geht. Prinzipiell kann ein Wassertropfen wie ein Brennglas wirken, denn er hat eine Form, die einer konvexen Linse (wie z. B. Lupe) ähnelt. Ob er ein Blatt verbrennen kann, hängt aber von der Art der Blätter ab. Bei Blättern, bei denen die Wassertropfen direkten Kontakt mit der Blattoberfläche haben, kühlt das verdunstende Wasser das Blatt ausreichend ab – es verbrennt nicht. Bei Blättern mit kleinen Wachshärchen bleiben die Wassertropfen etwas oberhalb der Blattoberfläche hängen, wodurch die Blätter in den Bereich der optischen Brennweite des Wassertropfen gelangen. Die Folge sind Verbrennungen auf den Blättern, da der kühlende Effekt des Wassers fehlt.

Warum zeigen *Armbanduhren* in Auslagen fast immer 10 nach 10 als Uhrzeit?

Der Laie spekuliert:

Ganz klar – das Ganze ist eine versteckte Botschaft von Außerirdischen. Sieht doch genau aus wie der V-Gruß der Vulkanier um Spock & Co., oder?
42

… die in der Zeit zurückgereist sind und alle Uhren verstellt haben!
dine

Könnte aber auch ein Victory-Zeichen sein und die damit verbundenen positiven Assoziationen. Damit soll dann vielleicht eine wohlwollende Kaufentscheidung des Kunden herbeigeführt werden.
Sina

Weil sie darauf eingestellt wurden …?
nobbi

Der Experte klärt auf:
Dr. Johannes Graf, Deutsches Uhrenmuseum, Furtwangen

Historisch gesehen sind Uhren beim Verkauf, wie man in den Produktkatalogen beobachten kann, auf alle möglichen Zeiten eingestellt worden. Wenn man alte Verkaufsprospekte aus der Zeit um den Ersten Weltkrieg, vor allem von Großhandlungen, durchblättert, wird man in aller Regel keine Systematik vorfinden. Erst in späterer Zeit versuchten die Marketing-Experten der Uhrenfirmen, die angezeigten Zeiten in den Katalogen zu vereinheitlichen. Mir sind dabei vor allem drei Strategien aufgefallen: In den Vereinigten Staaten neigen viele Uhrenverkäufer dazu, die Uhr auf 20 vor 4 Uhr einzustellen, den angeblichen Todeszeitpunkt von Abraham Lincoln. Diese Uhrzeit sieht ein bisschen so aus, als würde das Gesicht der Uhr Trauer zeigen: Die Zeiger erscheinen als heruntergezogene Mundwinkel. Freundlicher wirkt dagegen die Stellung 10 nach 10 Uhr, die wie 20 vor 4 Uhr den Vorteil hat, dass ein eventuell auf der Uhr erkennbarer Firmenschriftzug (in der Regel unter der 12 oder über der 6) nicht verdeckt wird. In den 1960er Jahren haben einige hiesige Großbetriebe darauf gesetzt, dass die Zeit halb 10 oder halb 11 zum Erscheinungsbild der erfolgreichen Schwarzwälder Uhren beitragen könnte.

Was bedeutet der Begriff »*Witwen schütteln*«?

Der Laie spekuliert:

Der Begriff wird für Männer verwendet, die sich an verwitwete Frauen ranmachen, um an deren ererbtes Vermögen zu kommen. Sie geben Trost, schenken Aufmerksamkeit oder erfüllen sexuelle Wünsche. Dafür »schütteln« sie dann das Witwenbäumchen und sammeln die herunterfallenden goldenen Äpfel und Geschenke auf. Gern werden auch wilde Geschichten erzählt, um sich Darlehen zu erschleichen (»Die Mafia ist hinter mir her, ich muss denen Schutzgeld zahlen, sonst ist alles vorbei.«) Wenn die Frauen merken, dass alles nur Schwindel ist, wird die Beziehung einfach beendet.
Donald

Könnte auch aus der Spinnenwelt kommen. Die schwarze Witwe tötet ja das Männchen nach der Paarung, wenn es nicht schnell genug fliehen kann. Vielleicht tut sie dies durch heftiges Schütteln. Die Weibchen sind nämlich 3–5 mal so groß wie die Männchen und wesentlich kräftiger. Stark genug wäre sie auf alle Fälle.
Diane

Witwenpower!!
Frieda

Die Expertin klärt auf:
Beate Wunder, Journalistin, Berlin

Der Begriff stammt aus dem Boulevardjournalismus. Dabei geht es darum, Informationen und Bilder von Opfern von Unglücksfällen und Katastrophen von deren Angehörigen (»Witwen«) zu bekommen. Sobald die »Journalisten« die Namen und Adressen der Opfer ausfindig machen können, fahren sie sofort zu den Hinterbliebenen, um die ersten zu sein. Oft werden die Hinterbliebenen einer am selben Tag tödlich verunglückten Person aufgesucht und bedrängt, Bilder des Toten herauszugeben. Dabei machen die »Journalisten« auch nicht vor Drohungen halt, wie z. B. die Aufforderung, Fotos aus dem Familienalbum herauszugeben oder man werde eines der Bilder, die man gerade am Unfallort gemacht habe, veröffentlichen. Heute werden zunehmend auch Fotos aus sozialen Netzwerken verwandt. Die Beschaffung geht oft schneller und einfacher – dass dabei die Urheber- und Persönlichkeitsrechte verletzt werden, schert diese Art von »Journalisten« scheinbar nicht.

Wieso gibt es ein Haltbarkeitsdatum auf *Salzpackungen*?

Der Laie spekuliert:

Weil es für alle Lebensmittel Vorschrift ist, und Vorschriften werden in Deutschland immer befolgt – egal ob sinnvoll oder nicht.
peebo

Eigentlich völlig sinnlos. Wenn Salz schlecht werden würde, dann hätte es dazu auch schon in den letzten 100 000 Jahren während seiner Lagerung im Salzstock Zeit gehabt.
miezi

Salz ist reines Natriumchlorid – da kann nix schlecht werden!
gero

Das drucken die Hersteller drauf, damit man regelmäßig eine neue Packung kauft.
Fiete_m

Vielleicht weil der Karton der Verpackung eher verrottet, als das Salz darin. Damit dann nicht alles rausfällt, sollte man es vor dem Haltbarkeitsdatum verbrauchen.
Dieter_B.

Der Experte klärt auf:
Ein namhafter deutscher Salzhersteller

Salz an sich hat kein Verfallsdatum. Es hält immer. Einige Salze haben ein Mindesthaltbarkeitsdatum (MHD), weil z. B. die zugesetzten Gewürze an Geschmack bzw. Aroma verlieren können. Auch die Zugaben von Jod und Fluorid können sich teilweise verflüchtigen.

Woraus besteht eigentlich *(Haus-)Staub*?

Der Laie spekuliert:

Sahara-Sand, der es bis nach Deutschland geschafft hat.
benny

Das ist alles Milbenkacke!! Wir leben also inmitten einer riesigen Kloake!
Frieder

So wie meine Nase ständig läuft, wenn ich mit Staub in Berührung komme, aus lauter aggressiven Bakterien und Viren!
laura_90

Das sind die Reste Verstorbener. Alles zerfällt irgendwann wieder zu Staub, das ist der Lauf der Dinge.
nekro

Wow, dann ist mein Staubsauger eine riesige Totengruft. R. I. P., homies!
lou_van

Aus Mauszellen, schließlich verbindet sich der ganze lose Staub immer zu Staubmäusen in den Ecken.
Kathi

Die Expertin klärt auf:
Edda Speyer, Hausmanagerin, Sindelfingen

Der gewöhnliche Hausstaub ist eine bunte Mischung kleinster Partikel und Lebewesen: Schimmelsporen, Milben, Hautschuppen, Bakterien, Pflanzenpollen, Kleidungsfasern u.v.m. Er ist eigentlich ein richtig kleiner »Öko-Kosmos«. Die Milben ernähren sich u.a. von den Hautschuppen und scheiden dann wieder ihre Verdauungsexkremente aus. Auf diesen Milbenkot reagieren viele Menschen allergisch, deshalb ist es wichtig, die Hausstaubbelastung durch Putzen oder Filtern möglichst zu reduzieren.

Was ist die »*Gretchenfrage*«?

Der Laie spekuliert:

Im Fischrestaurant sehr oft gestellt: »Sind da noch Gretchen dran?«
fil

Die »Gretchenfrage« stellt meine Frau mir jeden Tag aufs Neue: »Schatz, bin ich zu dick«? Die Qualität der Antwort entscheidet dann über Sein oder Nichtsein!
Benediktus

Faust fragt Gretchen: »Willst du mit mir gehen?«
alex

Eine sprechende Faust? Was is das für ne abgedrehte Story?
Conny

Gute Frage – nächste Frage!
anonymous

Fragt ein Fußballer den anderen, bevor er ihm in die Hacken gretcht.
mirkos

Die Expertin klärt auf:
Elvira Jenning, Lehrerin für Deutsch und Geschichte, Potsdam

Den Ursprung der sogenannnten Gretchenfrage finden wir in J. W. v. Goethes »Faust. Der Tragödie erster Teil«. Im Garten fragt die sehr viel jüngere Margarete (»Gretchen«) den älteren Wissenschaftler Heinrich Faust, mit dem sie eine beginnende Affäre hat: »Nun sag, wie hast du's mit der Religion? Du bist ein herzlich guter Mann, allein ich glaub, du hältst nicht viel davon.« Sie will damit ergründen, welche wahren Absichten Faust ihr gegenüber hat. Will er sie nur »vernaschen« oder ist es ihm ernst mit ihr, da er einen frommen Lebenswandel hat? Der Gefragte antwortet allerdings nur ausweichend, und Gretchens Misstrauen wächst. In der heutigen Zeit verwenden wir den Begriff für Fragen, bei denen sich der Antwortende klar positionieren oder bekennen muss und nicht ausweichen kann.

Warum ist *Glas* durchsichtig?

Der Laie spekuliert:

Weil man sonst nichts durch die Scheibe sehen würde, stupid!
bill

Weil ein sorgfältig gezapftes, wohltemperiertes und mit einer herrlichen Schaumkrone versehenes Bier einfach einen wunderschönen Anblick von allen Seiten verdient!
werner grün

Gibt auch weniger durchsichtiges Glas – in Schweißerbrillen zum Beispiel. Kommt immer drauf an, was man reinmischt.
Spezi

Der Gasbläser bläst so lange rein, bis ganz viel Luft drin ist, dann kann man durchgucken.
Klara

Durch die extrem hohen Temperaturen beim Glasschmelzen (also der Herstellung von Glas) werden alle Fremdpartikel weggeschmolzen, es bleibt nur eine sehr reine Masse übrig, die durch nichts mehr verunreinigt ist. So wie durch klares Wasser kann dann das Licht durch dieses Material einfach hindurchscheinen.
Rieke

Der Experte klärt auf:
Peter Turn, Diplom-Chemiker, Mannheim

Glas besteht im Wesentlichen aus Quarzsand, Kalk, Soda und Pottasche, die bei ca. 1400 Grad eingeschmolzen werden. Beim anschließenden Abkühlen erstarren die Moleküle in der Masse, und das Ganze wird plötzlich durchsichtig. Bei den undurchsichtigen Metallen schwirren relativ viele Elektronen frei herum. Wenn nun ein Lichtteilchen auf das Metall trifft, stößt es gegen diese Elektronen und wird absorbiert. Durch das Einschmelzen bei der Glasherstellung entsteht Siliziumoxid, eine recht stabile chemische Verbindung mit viel Platz zwischen den Molekülen und Elektronen, die sich auf definierten Bahnen innerhalb der Atomhülle bewegen. Dadurch bleibt genügend Platz für die Lichtteilchen, hindurchzugelangen, und das Glas erscheint durchsichtig.

Was ist der Unterschied zwischen einem *Pfirsich* und einer Nektarine?

Der Laie spekuliert:

Die Nektarine hat sich im Gegensatz zu ihrem männlichen Kollegen Pfirsich ordentlich am ganzen Körper rasiert. Lecker!
Mila

Schmecken eigentlich fast identisch, also lediglich die unterschiedliche Schale.
Bruno

Die Nektarine ist eine Kreuzung zwischen Apfel und Pfirsich. Die Nektarine hat also keine weiche »Haut«, sondern ist außen wie ein Apfel, innen jedoch wie ein Pfirsich.
fambros

Nach deiner Erklärung könnte es auch eine Kreuzung von Pfirsich mit Pflaume oder Birne oder Paprika sein, die haben auch alle eine glatte Haut.
cry_angel

Der Pfirsich ist eine Nektarine im Pelzmantel.
gibbo

Der Experte klärt auf:
Willy Manger, Obstbauer, Franken

Weit verbreitet, aber falsch ist die Annahme, Nektarinen wären eine Kreuzung aus Pfirsich und Pflaume. Die Nektarine ist schlichtweg eine Mutation des Pfirsichs mit glatter Haut. Sie wird deshalb auch als Glattpfirsich oder Nacktpfirsich bezeichnet. Wegen der engen genetischen Verwandtschaft kommt es auch immer wieder vor, dass Nektarinen an Pfirsichbäumen wachsen.

Warum heißt das *Hammerwerfen* in der Leichtathletik Hammerwerfen, obwohl doch eine Kugel mit Kette dran geworfen wird?

Der Laie spekuliert:

Klingt einfach kompakter als Kugel-mit-Kette-dran-Werfen.
leo

Weil die einfach mit ihren Geräten hammerweit werfen!
Josi

Ich denke, das klingt einfach martialischer. Vielleicht haben ja die alten Griechen bei den olympischen Spielen früher einfach alles, was ihnen so in die Hand kam, geworfen, also Speere, Steine, Scherben und eben vielleicht auch mal einen Hammer.
grecus

Stimmt, Hammerwerfen ist tatsächlich olympisch. Manche der SportlerInnen sehen allerdings so aus, als ob sie sich vorher einfach hammer-gutes Zeug eingeworfen hätten!
chris

Die Sportler haben ihr eigenes Gerät wohl zu oft an den Kopf bekommen, da ist irgendwann dann was mit der Bezeichnung durcheinander gekommen.
xtsc

Die Expertin klärt auf:
Heide Klier, Sporthistorikerin, München

Das Hammerwerfen stammt ursprünglich aus Irland und Schottland und hat sich dort seit dem Hochmittelalter entwickelt. Tatsächlich wurden in der Anfangszeit Schmiedehammer geworfen. Der Holzstiel wurde dann nach und nach durch eine Kette und später einen Stahldraht ersetzt, der Hammerkopf durch eine Metallkugel.

Warum kratzen *Wollpullover*?

Der Laie spekuliert:

Weil das Schaf zu wenig Haarkuren für samtweiches Fell bekommen hatte.
Kim

Da ist einfach der ganze Flohzirkus von den zotteligen Viechern noch drin.
Manni

Also mein Angora-Wollpulli ist weich und streichelzart, nix da mit kratzen.
Graf_Koks

Koks, ich hoffe du weißt, dass das auf deiner Haut tote Kaninchen sind …?!
Nele

Wie schade, die hätte man auch essen können.
Graf_Koks

Das sind heutzutage sicherlich die chemischen Rückstände bei der Verarbeitung der Wolle. Die reizen die Haut und dann entsteht der Eindruck vom Kratzen. Wird doch alles nur noch in irgendwelchen Billigfabriken in Asien hergestellt.
Pina

Der Experte klärt auf:
Bernhard Finkbeiner, Mitbegründer von www.frag-mutti.de

Die Antwort liegt nicht etwa in der Behandlung der Wolle. Es spielt keine Rolle, wie die Wolle maschinell gereinigt, gekämmt oder »ausgerüstet« wird. Auch die Behandlung mit Textilchemie hat keinen Einfluss auf das Kratzen.
Es sind die Wollfasern an sich, die das Kratzen verursachen. Wolle wird hauptsächlich von Schafen gewonnen, und je nachdem was das Schaf frisst, wo es lebt und wie schnell die Wolle wächst, kratzt die Wolle eben mehr oder weniger.
Die Wollfasern haben, unter dem Mikroskop betrachtet, borstige Faserenden. Diese Faserenden sorgen für eine mechanische Irritation, da sie in die Haut »stechen«. Ist ein Pullover weicher und anschmiegsamer, so stehen weniger Fasern ab, und das Kratzgefühl ist wenig bis gar nicht vorhanden. Ist er härter (und »kratziger«), stehen mehr dieser Fasern ab. Der Kratzeffekt wird bei schwitziger Haut noch verstärkt, da der Schweiß die Haut aufweicht.
Allerdings haben die abstehenden Fasern auch einen Zweck: Durch das Abstehen der Fasern entsteht ein Luftpolster, welches isolierend wirkt: Je kratziger also der Pullover, desto wärmer ist er auch!
Übrigens: Deutsche Schafe produzieren besonders borstige und kratzige Wolle, da unser Klima ein schnell wachsendes warmes Fell erfordert, und die viele Nahrung ihr Übriges tut. Auf der Südhalbkugel wächst Schafshaar langsamer, da das Klima meist trockener und das Nahrungsangebot nicht so üppig ist.

Gibt es bei Tieren *Links- und Rechtshänder*?

Der Laie spekuliert:

Da Tiere keine Hände haben, kann es auch keine Links- oder Rechtshänder geben!
Martin

Und wie würdest du das bezeichnen, was Affen da an ihren Armen dranhaben? Pfoten, Greifer, Tatzen ...? Sehen aus wie Hände, funktionieren wie Hände – sind doch wohl eindeutig Hände, oder?
kleene_biene

Denke mal, bei Tieren ist das alles zufällig. Rein reflexgesteuert.
grecus

Rechts- oder Linkshändigkeit wird ja wohl von den beiden Gehirnhälften gesteuert. Hab ich zumindest mal gehört. Da die meisten höher entwickelten Tiere ja auch zwei Gehirnhälften haben, dürfte das dann genauso sein. Nur dass man es nicht so merkt, weil Tiere eben nicht irgendwelche Tätigkeiten mir ihren Händen ausführen.
Gregor

Also meine Katze kratzt ganz eindeutig immer mit rechts an ihrem Katzenbaum!
fine

Der Experte klärt auf:
Sebastian Jutzi, Biologe und Wissenschaftsjournalist

Viele Wirbeltiere zeigen »Händigkeit«. Pferde starten einen Lauf bevorzugt mit dem linken oder rechten Vorderhuf. Katzen sind Links- oder Rechtspfoter, was man beispielsweise gut beobachten kann, wenn sie ein Spielzeug mit der Vordertatze malträtieren. Die meisten Katzen favorisieren dabei entweder links oder rechts. Papageien halten sich Nahrung bevorzugt mit dem linken oder rechten Fuß vor den Schnabel. Auch Menschenaffen sind wahlweise Links- oder Rechtshänder.
Die Faustformel gilt: Je schwieriger oder wichtiger eine Tätigkeit ist, desto stärker wird eine Seite bevorzugt – ganz einfach deshalb, weil es effektiver ist, wenn man nur eine Körperseite oder eben eine Hand auf die Ausführung kniffliger Bewegungen trainiert anstatt zwei. Die Natur spart damit also Zeit und Aufwand. So reagieren Fische, die immer in dieselbe Richtung flüchten – also immer entweder nach links oder nach rechts – deutlich schneller als solche, die mal zur einen mal zur anderen Seite stiften gehen.
Gorillas erweisen sich zum Beispiel eher als beidhändig. Sie fressen überwiegend Grünzeug, das beinahe überall in ihrem Lebensraum sprießt und müssen einfach nur danach grabschen. Wenn sich dagegen Schimpansen über einen

Termitenbau hermachen, erbeuten sie die Insekten, indem sie Zweige bearbeiten und die dünnen Halme in die Gänge der Termitenbaue stecken. Die Krabbler wähnen einen Feind, verbeißen sich in den mutmaßlichen Eindringling und lassen sich bequem ins Maul befördern. Quasi als Ameise am Stiel. Einige Studien liefern Hinweise, dass Schimpansen für diese Jagdmethode eher die linke Hand, fürs Nüsseknacken mit Steinen aber häufiger die rechte benutzen. Die Affen haben also längst entschieden: Die Linke ist nicht besser als die Rechte – oder umgekehrt.

Warum ist weißer ***Traubensaft*** so viel teurer als roter, obwohl die Trauben im Supermarkt das Gleiche kosten?

Der Laie spekuliert:

Ich denke, bei rotem Traubensaft wird die Schale mit »verwurstet«, das gibt auch eine stärkere Farbe (wird übrigens auch bei deutschem Rotwein so gemacht). Bei weißem Traubensaft würde die Schale die Farbe verunreinigen, muss also vor dem Auspressen von den Trauben gelöst werden. Da dies ein aufwändiger Prozess ist, ist der Saft auch teurer. Ich weiß nicht, ob meine Vermutung stimmt. Das mit dem Rotwein weiß ich aber aus erster Hand von einem Winzer.
Dolphin

Dolphins Antwort ist vollständiger Unsinn. Beim Keltern werden niemals die Schalen entfernt. Zudem muss bei rotem Traubensaft das Ganze noch erhitzt werden, damit sich die Farbstoffe aus den Trauben lösen. Also ist die Herstellung von rotem Traubensaft teurer. Jedoch bestimmt hier meiner Meinung nach Angebot und Nachfrage den Preis. Und da Traubensaft vom Gefühl der meisten Menscher her weiß sein muss, ist hier die Nachfrage größer. Deswegen ist weißer Traubensaft teurer.
DIO

Also Traubensaft muss für mich immer rot sein! Nehmen wir hier auch als »Ersatzwein« für die Kinder.
Ioni

... und züchtet über diese harmlose Einstiegsdroge kleine Alkoholiker ran. Unglaublich – ein Fall für die Super Nanny!
Daro_63

Der Experte klärt auf:
Ein großer Fruchtsafthersteller

Weiße Tafeltrauben (Frischfrucht) sind sensorisch eher unauffällig und kaum aromatisch, ebenso ein Standardsaft aus weißer Traube. Um ein schönes Aroma zu erhalten, muss ein Verschnitt mit einem intensiven, sortenreinen Saft gewählt werden, der dann natürlich auch recht teuer werden kann, wenn der sortenreine Anteil steigt. Diese Traubensorten erhält man nicht im Frischfruchtbereich als Tafeltrauben, sondern es handelt sich dabei um Reben und Moste aus dem Weinanbau.

Gibt es eine Regel für die Nummerierung von *Autobahnen*?

Der Laie spekuliert:

Die Regel gibt's definitiv: nur eine Nummer pro Autobahn.
Grobi

Also ich konnte da noch keine Logik hinter entdecken. In Amerika ist das irgendwie nachvollziehbarer nummeriert.
Albert

Na bestimmt nach der Reihenfolge, in der sie gebaut wurden, oder?
speedy

Dann wäre unsere Frankfurter A661 aber erst gestern fertig geworden ;-)
Luna

Gefühlt eher nach der Dauer in Jahren, die für den Bau gebraucht werden. Irgendwann gibt's dann eine A∞, inzwischen bauen die ja ewig an den Dingern rum.
AlBert

Der Experte klärt auf:
Dieter E. Gellermann, Koordinator 123 Special Interest Group des Mensa Vereins

Ungerade Nummern (A1,3,5,7,9) bezeichnen Autobahnen, die in Nord-Süd-Richtung von Westen nach Osten verlaufen. Gerade Nummern (A2,4,6,8) diejenigen, die in Ost-West-Richtung von Norden nach Süden liegen. Die A10 steht für den Berliner Ring. Ab A11 sind die Autobahnnummern Räumen zugeordnet, beginnend bei Berlin und den neuen Bundesländern, ab 20 Norddeutschland, ab 30 Niedersachsen, ab 40 Rhein-Ruhr bis Rhein-Main-Raum, ab 50 Niederrhein, ab 60 Rheinland-Pfalz, Saarland und Südhessen, ab 70 Franken und Vogtland, ab 80 Baden-Württemberg, ab 90 Bayern und Bodenseeraum. Dreistellige Autobahnnummern haben nur regionale Bedeutung.

Warum *schrumpeln* beim Baden nur die Handinnenflächen?

Der Laie spekuliert:

Der Körper hat eine eingebaute Uhr, die ihm sagt, wann das Wasser dem Körper schaden würde. Und an die Hände schaut man halt ständig.
Annekathrin

Ein Relikt aus der Zeit, als wir noch im Wasser lebten – Schwimmhäute!
Ulf

Genau Ulf, immer wenn ich länger in der Wanne abtauche, stellt sich mein Körper auch gleich wieder auf Kiemenatmung um und mir wächst ein riesiger Echsenschwanz …
Darko

Da ist die Haut am wenigsten straff und man sieht die Falten eher.
Ossi

Arme Arielle – so jung und schon so schrumpelig ;-)
Annelie

Die Expertin klärt auf:
Dr. Berthold, Hautärztin, Berlin

Der Grund ist die Hornschicht der Haut, die an Händen und Fußsohlen besonders dick ist, da sie erhöhter Beanspruchung unterliegt. Bei Wasser quillt die Hornhaut auf und wird wellig. Die Hornhaut an anderen Körperstellen ist für eine solche Reaktion einfach nicht dick genug.

Warum gehen bei gestreiften *Krawatten* die Streifen fast immer von links unten nach rechts oben?

Der Laie spekuliert:

Weil damit beim Gegenüber der Eindruck eines »steigenden Graphen« erzeugt wird. Es handelt sich dann um eine sogenannte »Siegerkrawatte«, weil Menschen unserer Kultur eine von links unten nach rechts oben gehende Kurve als positiver empfinden. Es gibt aber auch umgekehrt »Verliererkrawatten«, die aber logischerweise niemand kauft.
Tino

Dann sind alle Amis Verlierer – da weiß ich aus eigener Erfahrung, dass die Streifen andersrum verlaufen.
Dieter

So zeigt das Muster Richtung Herz – wirkt sympathischer und offener.
Daniel

Und absteigend wohl in Richtung Leber, damit der Alkohol direkt dahin laufen kann ...?
Aline

Weil wir auch in der Mode auf Uniformismus und Gleichschaltung stehen, bloß keine kreativen Ausbrüche!
Doro

@Doro: Lieber Kreativwüste als Bärchenkrawatten!
Gesine

Der Experte klärt auf:
Stefan Scheiben, www.lacravate.com

Das größte Problem bei der Entwicklung der Krawatte war, dass sich ein Langbinder schnell verdrehte. Der New Yorker Schneider Jesse Langsdorf löste das Problem in den 1920er Jahren, indem er den Stoff der Krawatte nicht, wie damals üblich, gerade, sondern in einem Winkel von 45 Grad zuschnitt. Dreht man eine gestreifte Stoffbahn, wie sie aus dem Webstuhl kommt, als Rechtshänder um 45 Grad seitwärts, so ergibt sich der diagonal ansteigende Streifen.
Was ursprünglich nur praktisch war, wurde zur Tradition. Denn vor allem im Geschäftsleben werden die als »ansteigend« empfundenen Streifen gerne mit Dynamik und Erfolg in Verbindung gebracht.
Lediglich in den USA verlaufen die Streifen im Normalfall anders herum. Das hängt mit Patentstreitigkeiten zwischen englischen und amerikanischen Krawattenherstellern zusammen. Als amerikanische Produzenten anfingen, die Designs der traditionsreichen britischen Regimentskrawatten zu kopieren, waren die englischen Hersteller nicht gerade begeistert. Um einer Klage zu entgehen, änderten die Amerikaner kurzerhand die Laufrichtung der Streifen, um sie fortan als »the American way of Neckties« zu bewerben.

Warum werden *Stiere* wild, wenn sie ein rotes Tuch sehen?

Der Laie spekuliert:

In der freien Natur gibt es keine großen roten Flächen, höchstens ein paar kleine rote Blumen. Darum reagieren Rinder – besonders die von Natur aus aggressiven Stiere – panisch auf die roten Tücher, insbesondere wenn diese sich auf die Stiere zu bewegen.
Franzxaver

Ganz klar: das sieht aus wie Blut und das macht ihn noch wilder.
grummel

Na ja, manche Menschen macht rot ja auch aggressiv. Z. B. rote Ampeln, rote Karten beim Fußball etc. Man soll ja auch sein Schlafzimmer nicht in Rot oder anderen aufreibenden Farben streichen, weil man dann nicht zur Ruhe kommt. Würde also sagen, rot macht allgemein unruhig, und so ein Stier, der eh schon sauer ist, wird dann so richtig wild.
Trine Tran

Komisch nur, dass man so selten von Vorfällen liest, bei denen Stiere auf Menschen in roten T-Shirts, roten Treckern etc. losgehen. Wäre doch zu erwarten, wenn sie bei rot so abgehen?
Dave

Der Experte klärt auf:
Norbert Deesens, Rinderzüchter aus Brandenburg

Dass Stiere auf rote Tücher reagieren, ist ein weit verbreiteter Mythos. Wir haben das selbst schon oft mit unseren Tieren nachgewiesen. Die interessieren rote Gegenstände nicht mehr oder weniger als blaue oder grüne. Der Grund dafür ist, dass Stiere gar kein Rot sehen können, ihnen fehlen die entsprechenden Farbrezeptoren.
Beim Stierkampf werden die Tiere aber schon vorher mit teils fragwürdigen Methoden wild gemacht und reagieren dann einfach auf alles, womit man wild vor ihnen herwedelt, da sie unter enormem Stress stehen.

Warum heißt die *Teewurst* eigentlich Teewurst?

Der Laie spekuliert:

Weil man zwei davon wie ein »T« zusammenlegen kann.
danny_de

In der Wurst werden die ganzen Abfälle der Teeproduktion verarbeitet. Ist so ne braune Masse aus Wurzel- und Erdresten. Gewürze dazu – fertig ist die Teewurst. Also durchaus auch für Vegetarier geeignet.
koopa

Die können dann mit einem Tee-Ei vegetarische Buletten formen :-))
anonym

Ihr Spinner! Teewurst ist so wenig vegetarisch wie Tee vier Beine hat und im Stall gemästet wird.
_anne

Die Farbe von Tee im Teebeutel und der Wurst ist sehr ähnlich, deshalb hat man irgendwann Teewurst gesagt.
Hans

Der Experte klärt auf:
Christian Rauffus, Geschäftsführer und Inhaber der Rügenwalder Mühle

Carl Wilhelm Gottfried Müller stellte im Jahr 1903 zum ersten Mal seine Rügenwalder Teewurst nach dem bis heute überlieferten, geheimen Familienrezept her. Bis dahin war Wurst als »harte Wurst« oder schnittfeste Cervelatwurst bekannt. Durch fortschreitende Elektrifizierung war es nun möglich, das Wurstbrät so fein zu zerkleinern, dass die Wurst streichfähig wurde. Ihren Namen erhielt die Streichwurst, weil man in Rügenwalde am liebsten Wurstbrote zum damals üblichen Nachmittagstee aß.

Wie vermehren sich *kernlose Orangen*?

Der Laie spekuliert:

Hmm werden die nicht gezüchtet? Ich hab noch nie zwei Orangen poppen sehen …
Anonymous

Genauso wie alle anderen – die Blüten des Orangenbaumes werden von Biene Maja und ihren Freunden bestäubt. Wo ist das Problem?
Sine

Nach deiner Erklärung würden keine neuen Orangenpflanzen entstehen, es müssten immer noch die »Urpflanzen« existieren, die dann immer wieder auf's Neue bestäubt werden. Kann so nicht funktionieren!
Wazzzap

Unbefleckte Empfängnis.
Dr. Beckmann

Hab schon mal Orangen gesehen, in denen war an einem Ende eine zweite »kleine« Orange drin. Vielleicht ein Fall von Matroschka-Vermehrung?
Ulli

Der Experte klärt auf:
Michael Ceron, »Der Zitrusgarten« www.zitrusgarten.com

Heute werden alle Zitrusarten/sorten ausschließlich durch Veredlung vermehrt. Fast für jede Sorte gibt es eine eigene Unterlage, wie auch die Edelreiser eigentlich im europäischen Raum von Spezialfirmen stammen. Aber wir besitzen auch eigene Mutterpflanzen.
Nur durch Veredlung bleiben die Sorten sortenrein, und es ist eine rasche Fruchtbildung, bei Orangen in ca. fünf Jahren, möglich. Im Profianbau wird das ausschließlich so gemacht. Mittels Steckling vermehrte Pflanzen sind leider nur kurzlebig und krankheitsanfällig.

Wie heißt das Ding aus Plastik oder Metall, das man bei *Schnellheftern* auf die beiden Stäbchen steckt, wenn man die gelochten Blätter fertig einsortiert hat?

Der Laie spekuliert:

Ich kenne dieses weiße Teil als Heftlasche. Aber ob es der richtige Begriff ist, das weiß ich leider nicht.
Sara-lu

Die heißen Aufheftstreifen.
heike

Aktendulli?
Anonymous

Das weiße Teil in diesen Schnellheftern nennt man »Zunge«.
Quang Tri

Blattunterdrücker
Karo

Der Experte klärt auf:
Sven Pelka, Office Depot Deutschland GmbH, Großostheim

Das betreffende Teil nennt man »Deckleiste«. Die Deckleiste dient dazu, das Heftgut zusammenzupressen und dabei ein Verrutschen oder Einreißen des Heftguts zu verhindern. Hierzu wird die Deckleiste einfach auf die metallene Heftzunge aufgesteckt. Die Deckleiste wird entweder aus Plastik oder Metall hergestellt. Eine einzelne Mechanik (ohne die Mappe) nennt man »Heftstreifen« oder auch (seltener) »Heftverschluss«.

Darüber hinaus gibt es neben der Deckleiste zum Aufstecken auch noch die etwas längere Deckschiene. Diese wird nicht auf die Heftzunge oder Heftlasche aufgesteckt, sondern über dieselbe geschoben. Dadurch wird ein Verbiegen der Enden der Heftzunge verhindert.
Übrigens nennt man die Deckleiste bei Ordnern und bei Ringbüchern einen »Niederhalter« oder auch »Tippklemmer«. Diese sind dann entweder aus starkem Draht gebogen (Niederhalter) oder aus dickerem Blech gestanzt (Tippklemmer) und werden an der Ordner- oder Ringbuchmechanik festgeklemmt, nachdem man das Heftgut zusammengepresst hat.

Wer bestimmt eigentlich den Namen einer neuen ***Krankheit***?

Der Laie spekuliert:

Der, der sie zuerst hatte?!
i-man

Kann er aber meistens nicht mehr, weil er dann schon † ist oder andere Probleme hat, als sich auch noch einen Namen für seine Erkrankung auszudenken. Ich würd auch nie der Erste sein wollen, der's hat, kennt ja dann kein Arzt ein Gegenmittel.
Markus W.

Dann eben seine Erben. Und als Erster hat er die Chance auf ne prima Trial-and-error-Therapie von Dr. House.
i-man

Hab das Gefühl, der Name muss in letzter Zeit entweder immer reißerischer, auch für die BILD geeignet sein, oder besonders wissenschaftlich klingen. Ich sag nur Schweinegrippe oder H1N5 (oder so ähnlich). Das waren noch Zeiten, als die Todbringer kurz und knapp Pest oder Cholera getauft wurden.
Poldi

Vielleicht gibt es ja ähnlich wie bei den Hoch- und Tiefdruckgebieten die Möglichkeit, die nächste bekannt werdende Krankheit zu »ersteigern«. Nimmt man natürlich nicht den eigenen Namen, sondern den von jemand, den man nicht leiden kann. Und dann wird sein Name auf ewig mit negativen Folgen in Verbindung gebracht. Hat bei Herrn Hartz ja auch geklappt!
Matze aus dem Sektor

Der Experte klärt auf:
Pressestelle des Bundesministeriums für Gesundheit (BMG), Berlin

Es gibt keine Institution, die Namen für Krankheiten festlegt. Sie entwickeln sich im Rahmen der wissenschaftlichen Diskussion. So werden Krankheiten nach ihrem Entdecker, dem Krankheitserreger oder nach den Symptomen benannt.

Warum sind *Handtücher* immer etwas dunkler, nachdem sie nass geworden sind, obwohl Wasser doch farblos ist?

Der Laie spekuliert:

Sobald das Wasser kommt, spannen die Milben, Bakterien und Viren im Handtuch schnell kleine schwarze Schirme auf, um nicht nass zu werden. Damit sieht das Ganze von oben natürlich dunkler aus.
Gustav

Wenn Handtücher nass sind, schlucken sie in ihrem Innern das Licht. Das wird dort in den Wassermolekülen immer wieder hin und her reflektiert und kommt nicht mehr vollständig raus. Dadurch leuchtet das Handtuch weniger und sieht dunkler aus.
roberto

Doofe Frage: Bleibt das Licht dann auf ewig im Handtuch drin?
Pia

Denke, dass Wasser nicht wirklich farblos ist. Sieht man ja im Meer oder auch im Schwimmbad. Das Blau-Grün mischt sich mit der Farbe vom Handtuch und es entsteht eine neue Farbe, die durch das Blau-Grün auf alle Fälle dunkler als das Original ist.
Cpt. Jack

Der Experte klärt auf:
Prof. Dr. Crisan Popesu, DWI Interactive Materials Research, RWTH Aachen

Hell und dunkel sind keine Farben, sondern Eigenschaften von Farben. Deshalb kommt es nicht darauf an, dass Wasser farblos ist, sondern vielmehr, was die Feuchtigkeit mit der Oberfläche des Stoffes bzw. des Fadens macht.
Ein Handtuch besteht aus vielen Fäden, diese bestehen wiederum aus Fasern. Diese Fasern werden bei der Herstellung des Fadens zwar geglättet und ausgerichtet, viele von ihnen stehen aber dennoch etwas vom Faden ab. So entsteht eine flauschige Oberfläche, die dafür sorgt, dass das Wasser einfacher aufgesogen werden kann.
In trockenem Zustand wird das Licht von den Fasern reflektiert und in alle Richtungen gestreut, so dass beim Betrachter der Eindruck einer bestimmten Helligkeit des Stoffes entsteht.
Trifft Wasser auf die Fäden, zieht dieses die kleinen Fasern zusammen. Dadurch wird die Oberfläche weniger rau, und das einfallende Licht wird weniger gestreut. Wenn genug Wasser vorhanden ist, um eine dünne Schicht auf der Handtuchoberfläche zu erzeugen, wird das Licht zusätzlich durch das Wasser gebrochen. Es wird nun in einem anderen Winkel als vorher reflektiert – dem Betrachter erscheint das wie ein dunkler Fleck, da weniger Licht von diesem Punkt zum Auge kommt. Zudem absorbiert das Wasser einen Teil des einfallenden Lichts.

Register

Noch Fragen offen oder spontan eine eigene Antwort parat?
Unsere Experten stecken Sie so locker wie dieses Buch in die Tasche?

Dann klicken Sie sich rein und lassen Sie uns und die ganze Welt teilhaben:

www.FragenOhneAntwort.de

www.facebook.com/FragenOhneAntwort